シリーズ「遺跡を学ぶ」134

装飾古墳と海の交流

虎塚古墳・十五郎穴横穴墓群

稲田健一

新泉社

装飾古墳と海の交流

―虎塚古墳・十五郎穴横穴墓群―

稲田健一

【目次】

第1章　虎塚古墳をさぐる……4
1　壁画との出会い……4
2　虎塚古墳の発掘調査……7
3　少ない石室内の出土遺物……16
4　地域からみた虎塚古墳……19

第2章　虎塚古墳の壁画をさぐる……28
1　壁画の図像……28
2　常陸の装飾古墳の特徴……35

第3章　十五郎穴横穴墓群をさぐる……42
1　未開口横穴墓の発見……42
2　十五郎穴の発掘調査……44

3　東日本最大級の横穴墓群……48
4　構造・儀礼・副葬品……54
5　横穴墓の再利用……61
6　古墳と横穴墓の関係……64

第4章　海でつながる文化……66
1　那珂川下流域の古墳……66
2　太平洋岸の石棺墓……71
3　海でつながる古墳時代の文化……78
4　古墳時代から古代へ……86
5　地元の宝・虎塚古墳と十五郎穴……91

参考文献……92

装　幀　新谷雅宣
本文図版　松澤利絵

第1章　虎塚古墳をさぐる

1　壁画との出会い

虎塚古墳の壁画発見

一九七三年九月一二日、虎塚《とらづか》古墳の石室入口の閉塞石《へいそくせき》が一四〇〇年ぶりに外されることになった。当時の調査日誌には、つぎのように記されている。

「午前一〇時から石室開扉が調査団によって予告されていたために、多数の市民が見学に訪れる。市民および報道関係者の見守る中で、午前一〇時に開扉作業に入る。扉石はすっぽりと玄門に納まっているために、作業は思うようにはかどらない。

一〇時五〇分、玄門開く。先頭の調査員より「壁画だ！」の第一声。大塚初重《はつしげ》団長より、つめかけた市民にまず壁画発見の報告がある。静寂は東中根《ひがしなかね》台地に大きなどよめきと拍手がおこる。壁画発見は勝田《かつた》（当時）市民を興奮のるつぼと化し、見学者の列あとをたたず。現場は、

図１●虎塚古墳の壁画
東日本を代表する装飾古墳。見学すると真っ先に
奥壁の2つの環状文が眼に入ってくる。

かなりの興奮状態となる」

予測していなかった壁画の発見だ。一週間後の九月一九日、緊急の現地説明会が開催され、約一万二千人の見学者が訪れた。見学者のなかに私はいなかった。当時四歳ではしかたがない。

壁画の虜に

壁画発見から七年後の一九八〇年、虎塚古墳を目指して祖母につれられて芋畑のなかの道を歩いていく小学五年生の私がいた。虎塚古墳には立派な公開施設が完成していた。今日はその一般公開日。銀行の金庫のような厚い鉄の

図2● 整備された現在の虎塚古墳
写真手前が前方部で、奥が石室のある後円部。
前方後円墳という墳丘がきれいに残っている。

扉を開け、薄暗い部屋に案内される。

電気が消されると、目の前のガラス越しに、鮮やかな赤色の文様が浮かびあがった。一瞬にして、その文様の虜《とりこ》となった。虎塚古墳の壁画との出会いである。その出会いが私の人生を決めたといってもよい。現在私は、その虎塚古墳のすぐ隣、ひたちなか市埋蔵文化財調査センターで仕事をしている。

虎塚古墳の壁画の謎を解きたい！　小学五年生のときに思った目標だが、現在も答えがみつけられず、もがいている。本書に記すことは、そのもがきのなかでみつけた答えの断片である。

2　虎塚古墳の発掘調査

発掘調査のはじまり

虎塚古墳は、茨城県ひたちなか市、太平洋に注ぐ那珂川《なかがわ》河口から直線距離で約四キロの標高約二〇メートルの台地上にある（図3）。

虎塚古墳の存在は地元では昔から知られていたが、山林のままで樹木が繁茂していたため、古墳の実態は不明だった。

それが一九七三年、当時進められていた勝田市（那珂湊市と合併して、現・ひたちなか市）の市史編纂事業の一環として、市域の古墳時代後期の様相を明らかにするために、虎塚古墳を発掘調査することになったのである。加えて、調査前年の一九七二年に、奈良県明日香村で高

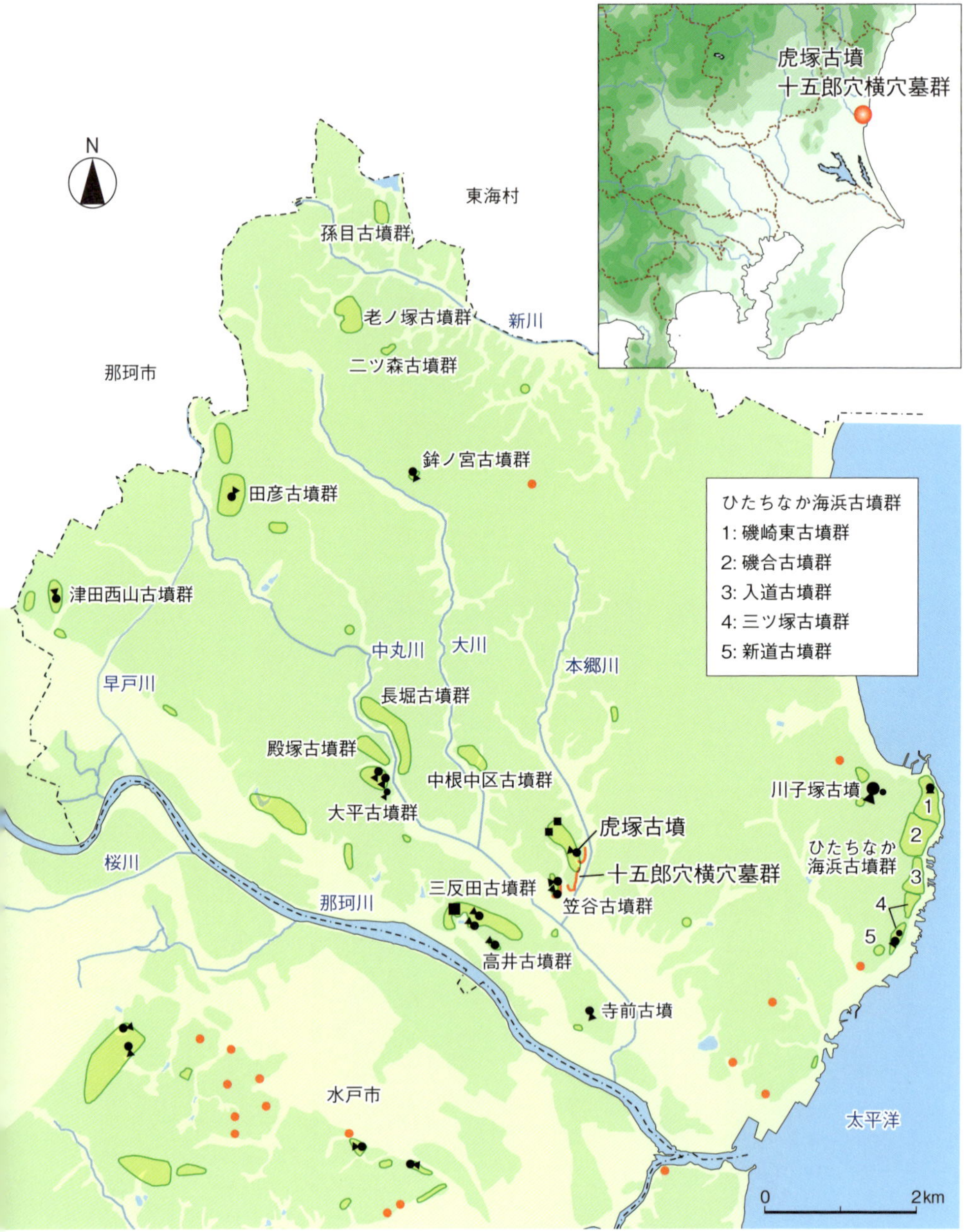

図3 ● 虎塚古墳と那珂川下流域の古墳
古墳は那珂川とその支流域、海岸部に多く分布する。

松塚古墳の壁画が発見され、その壁画の保存にいかなる条件を必要とするのかを検討していた東京国立文化財研究所（東文研）が、未開口石室の調査事例を探していたところ、虎塚古墳がその候補にあがり、未開口石室の温度や湿度、空気組成などのデータを得ることも目的となった。

最初の発掘調査は一九七三年八月一六日から開始された。まず墳丘をおおっていた樹木を伐採し、墳丘の全貌を一望できる状態にした。

測量の結果、墳丘の全長五六・五メートル、高さ七・五メートルの前方後円墳であることが判明した。墳丘に葺石《ふきいし》や埴輪の樹立はないことから、古墳時代でも後期、六世紀末以降の前方後円墳であることが推測できた。

測量調査が終了した八月二二日から埋葬施設の確認作業がはじまった。後円部南側のトレンチ調査で横穴式石室の存在を確認した（**図4**）。入口となる羨道部《せんどうぶ》には、人頭大くらいの石が閉塞のために積まれた状態であった（**図5**）。

この時点で、東文研が石室内の環境調査を実施している。調査の結果、外気温が約三二度あるのに対し、石室内は

図4 ● 1973年の石室の調査風景
明治大学の学生が中心となって調査した。
写真中央奥に石室がある。

図5 ● 羨道部に積まれた人頭大の石
奥に赤色に塗られた玄門の
上部がみえる。

一五度、湿度は九〇パーセント、炭酸ガス濃度は外気の五〇倍という結果を得た。この調査時点で、虎塚古墳に壁画があることはわかっていない。あくまでも高松塚古墳の壁画の保存のための調査であった。

その後、羨道部を調査し、玄門を閉塞していた板石をとりのぞくと、そこに予測していなかった壁画が発見された顚末については先に触れたとおりである（図6）。

このとき高松塚古墳の壁画のために得たデータが、結果的には虎塚古墳の壁画の保存に大いに役立つこととなる。虎塚古墳は当時、発掘調査で確認されたはじめての装飾古墳であるとともに、未開口の石室内の環境データを明らかにしたはじめての古墳でもあるのだ。

では、発掘調査でわかった虎塚古墳の概要を整理してみよう。

図6 ● 1400年ぶりに開けられた石室の内部
床面中央に遺骸があるが、骨の残りがわるく、粉状になっていた。

墳丘

虎塚古墳は前方後円墳である。前方部は北西を向いている。先ほども触れたように、主軸全長は五六・五メートル、高さは周溝底面から後円部で七・五メートル（図7）。

虎塚古墳の周溝は、北側と南側とで形状を異にするきわめて類例の少ない形だ。墳丘北側では外堤がほぼ一直線で「盾形」なのに対して、墳丘南側では外堤が墳丘に沿った「瓢形」をしている。また、周溝内に二カ所の陸橋状遺構をもつことも特徴である。前方部の北西隅と墳丘南側のくびれ部からやや前方部に寄ったところにある。周溝を含めた主軸全長は六三・五メートルである。

石室

石室は後円部にある（図8）。奥壁の位置は、後円部の中心から南に約四メートルのところになる。石室の主軸は北から東に一五度傾いており、開口部は南南西の方角になる。

横からみると、玄室の天井石の内側が後円部墳頂部より約四・六メートル下になる。石室は地山を掘り下

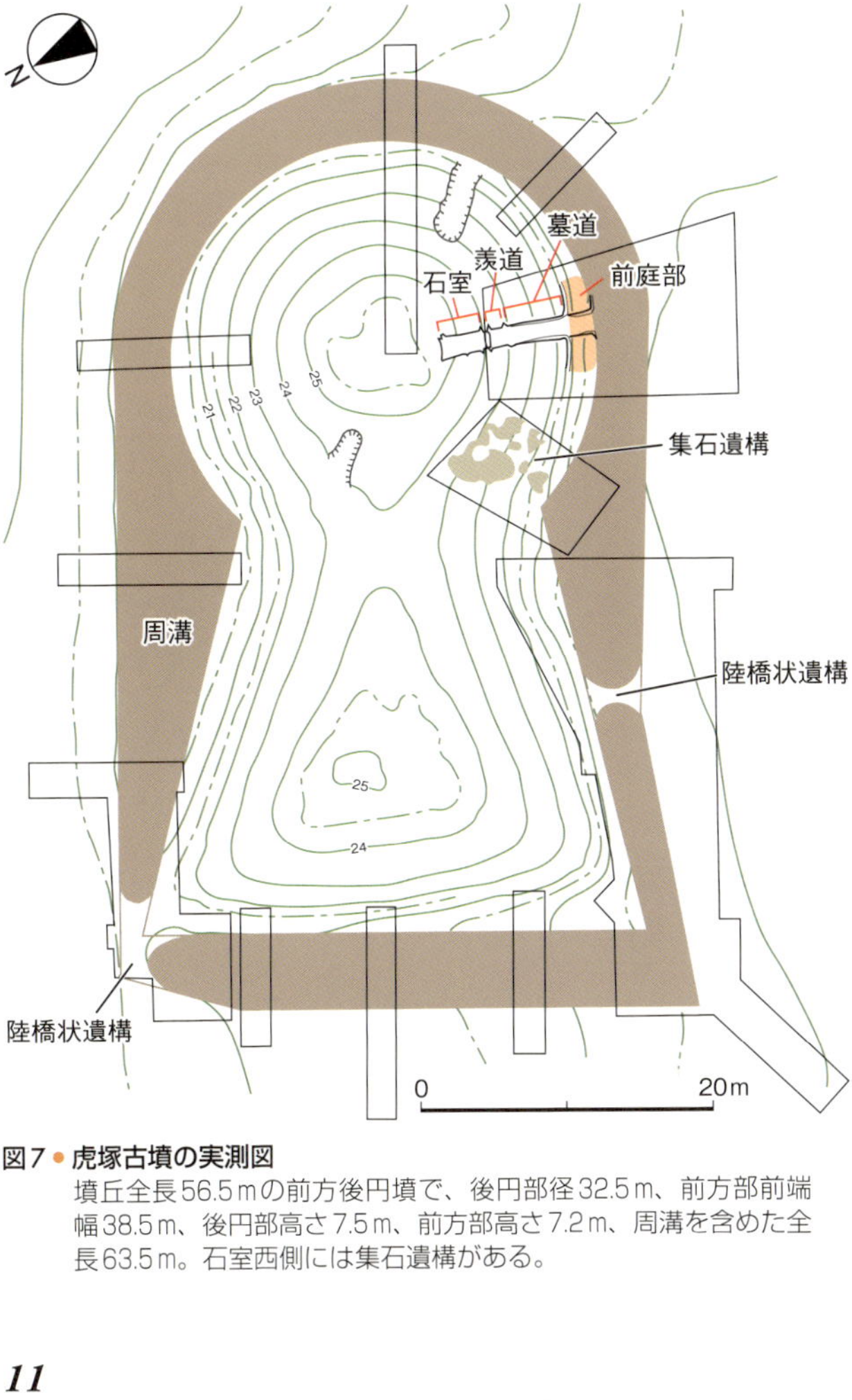

図7 ● 虎塚古墳の実測図
墳丘全長56.5ｍの前方後円墳で、後円部径32.5ｍ、前方部前端幅38.5ｍ、後円部高さ7.5ｍ、前方部高さ7.2ｍ、周溝を含めた全長63.5ｍ。石室西側には集石遺構がある。

げて構築されている。石室石材は凝灰岩。この凝灰岩は虎塚古墳のある台地を構成している層の一つである。

石室の構造は両袖玄門付の横穴式石室（図9）。奥壁から墓道入口まで約九・五メートルある。

外側から順にみていくと、まず墓道は、後円部墳裾のテラス状の平坦面に続いて、長さ約四・二メートル、幅約〇・八五メートルあり、羨道部に接続している。墓道の敷石は、墓道先端から中ほどまではないが、その後は羨道まで隙間なく敷かれている。石材は石室石材と同じ凝灰岩である。

墓道に続く羨道部は、長さ約一・三メートル、幅約一・二メートル。東壁・西壁ともに三段に中小の切石が積まれている。天井石は一枚のみで、長さが約一メートルと羨道部を完全にはおおっていない。床面には敷石があるが、墓道の敷石とは異なり比較的大きく、面も整っている。

羨道部と玄室を区分する玄門部は、玄室東西の側壁より突出した柱石と、その柱石のあいだの上に架構された楣石《まぐさいし》、そして柱石のあいだの下に置かれた梱石《しきみいし》で構成されている。楣石は玄

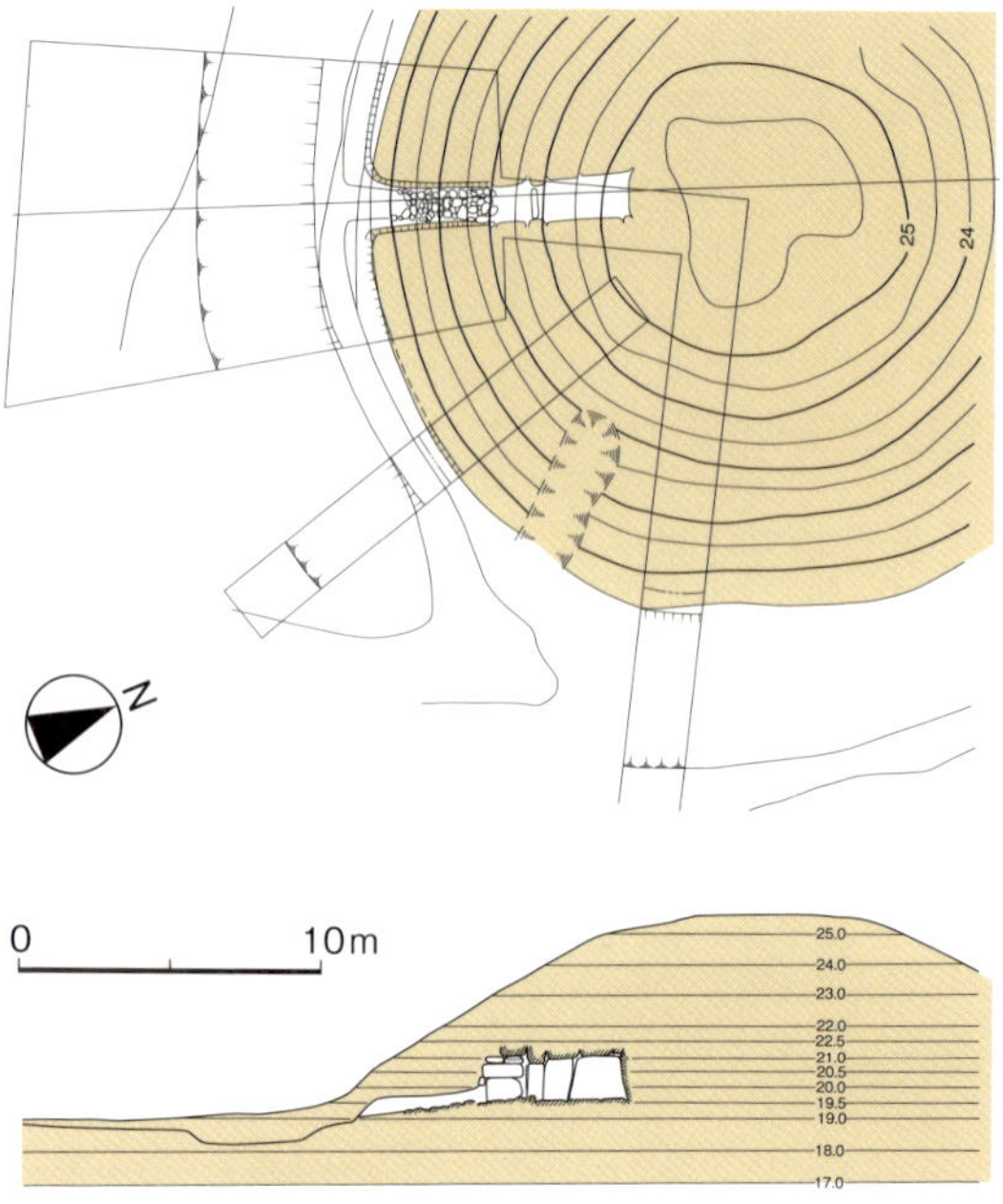

図8 ● 石室の位置
後円部にあり、南側に開口している。地山を掘り下げて構築している。石室奥壁の位置は後円部の中心ではなく、南側に寄っている。

室側壁上部をL字状に切り込んで架けわたす構造で、この構造は栃木県地域からの影響を受けた可能性がある。

石室の閉塞には、一枚の凝灰岩の板石と礫を用いていた。板石は高さ約一・二メートル、幅が上で〇・九メートル、下で幅一・二メートルの台形状をしていて、厚さは約二〇センチ。柱石と楣石に枘《ほぞ》を切ってはめこんである。板石が安定する工夫である。閉塞に積み上げられていた礫は、中段から下段は三〇〜六〇センチほどの大形のもので、上段は一〇〜三〇センチほどの小形のものであった。

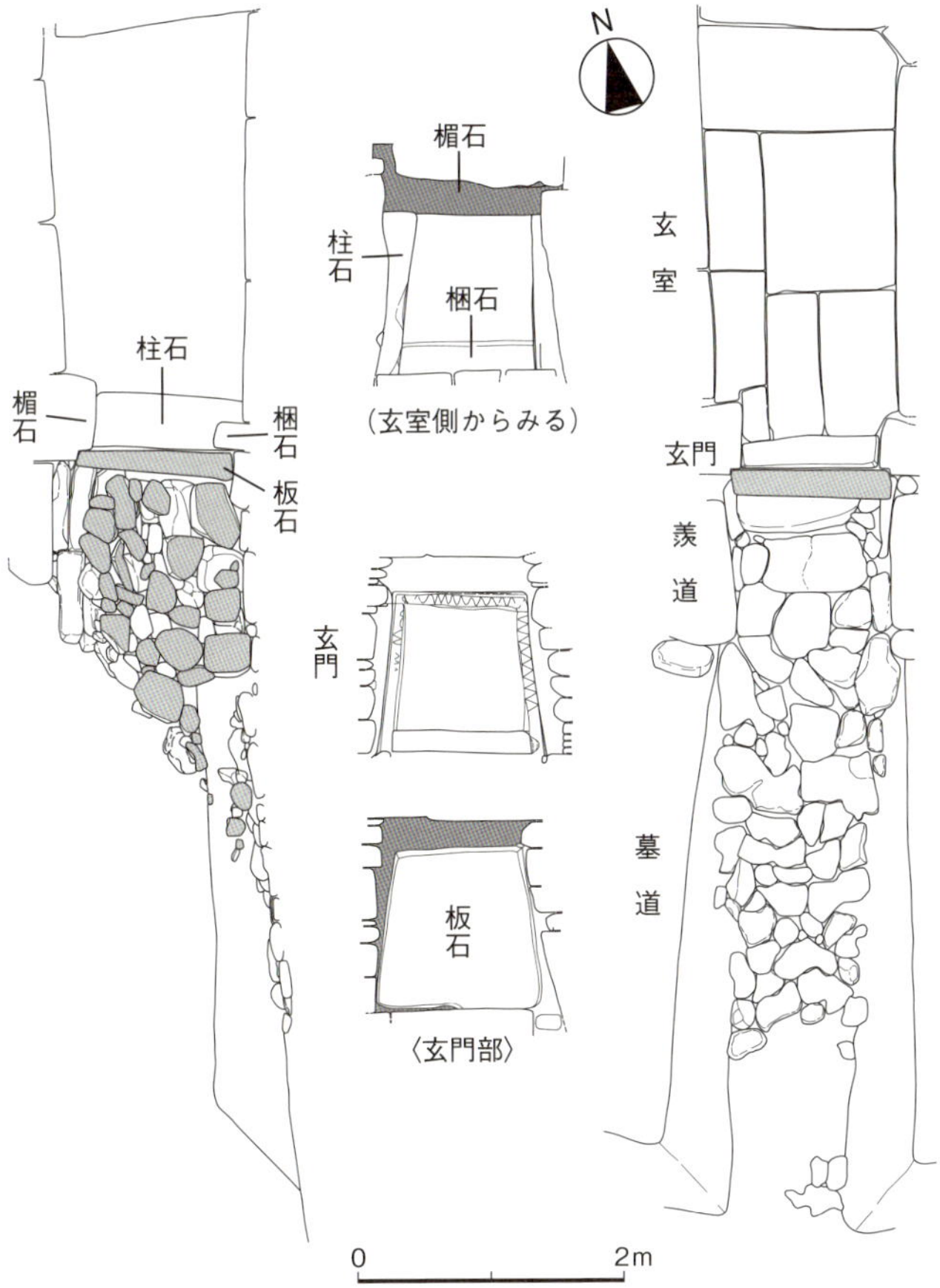

図9 ● 石室の構造
両袖玄門付の横穴式石室である。墓道の長さ約4.2m、幅約0.85m。羨道部の長さ約1.3m、幅約1.2m。石室の長さ約3m、最大幅約1.5m、最大高約1.5m。

玄室は一枚の奥壁と二枚の板石からなる西壁および一枚の板石からなる東壁、それをおおう三枚の天井石で構成されている。床面には七枚の切石が敷かれている。規模は、長さ約三メートル、最大幅約一・五メートル、最大高約一・五メートルである。

側壁は奥壁をはさんでいるため、垂直ではなく、奥壁の形状に合わせて玄室内側に傾けてある。このような石室は「切石台形組石室」とよばれ、常陸中央部から北部の横穴式石室に特徴的にみることのできる構造である。当石室でもっとも大きな石材は東壁の一枚石で、長さは最大約二・八メートルある。

前庭部礫群と集石遺構

さて、墳丘の外側にまた戻ると、墓道の入口付近から幅一メートルばかりの一段のテラス状遺構を経て周溝へ落ちる緩傾斜面を前庭部とよんでいる。

この緩傾斜面に東西二群の礫群がみつかっている(図10)。石室墓道の東西対称に配置されていることから、意識的に置かれたものと考えることができる。石材は石室や閉塞石と同じ凝灰岩である。

礫群の範囲は、西側が七〇~一二〇センチの楕円形で、一部礫が重なっており、厚さは約三

図10●前庭部
写真中央に石室に続く墓道がのび、閉塞のための石が積まれている。墓道先端部の両側に礫群が存在する。

〇センチある。東側は樹木の根による攪乱をうけ、原形をほとんどとどめていない。礫の下には、二〇センチほどの土が堆積していることから、礫群を配置したのは石室を構築したときではなく、古墳の完成後、墳丘にある程度の土が自然に堆積した後のことと考えられている。

石室西側の墳丘くびれ部では、集石遺構がみつかっている（図7参照）。南北約七メートル、東西約七メートルの範囲に広がっているが、推定では、この集石遺構は石室近くまで広がっているとされる。つまり、墳丘築造以前の旧地表面に構築されているわけだ。

集石遺構の石はすべて凝灰岩で、風化が著しく地点によっては粉状となっている。集石からはガラス小玉の半欠が一点出土したのみである。集石遺構の直上には、土師器と灰・焼土・木炭を含む黒褐色土が堆積していることから、この遺構が石室構築とかかわりのある一種の作業場とする見方と、石室構築に際しての地鎮祭的な性格の古墳祭祀の場所ではないかという二つの見方がある。

私は、以下に記す古墳研究者の小森哲也氏の指摘する例から、集石遺構を石室構築時の儀礼の場と考える。一つは、出雲の古墳や熊本県氷川《ひかわ》町の岩立《いわたて》C号墳では、石室がみえている段階で葬送儀礼をおこなったと思われる例があること。もう一つは、栃木県下野《しもつけ》市の山王塚《さんのうづか》古墳で、墳丘盛土前に凝灰岩の粉を旧地表面の全面に敷き詰める例があり、これを墳丘基盤上の儀礼ではないかとしていることである。

以上のように、前庭部の礫群は虎塚古墳での追葬を考えるうえで重要な遺構で、集石遺構は石室構築時の儀礼を考えるうえで重要な遺構といえる。

3 少ない石室内の出土遺物

石室内から出土した遺物

遺物は石室内外から出土しているが、石室内の数は少ない（図11）。

石室内から出土した遺物は、一体の成人男性の人骨と、大《た》刀《ち》一口、刀子《とうす》一口、毛抜形鉄器一点、鉄鏃一点、槍鉋《やりがんな》一点、透かしのある鉄片一点（図12）。古墳の副葬品としては種類・量ともに貧相といえる。

ただし大刀は、外装の残存状況がきわめて良好なものだ。遺骸の胸部から腹部にかけて置かれていた。把頭部《つかがしらぶ》の一部が欠失し鞘尻金具《さやじりかなぐ》が遊離しているが推定長は三八センチ。

把頭部には銀製の紐通し環がみられる。把部は、把頭側に銅製の責金具《せめかなぐ》、鞘口側に銀

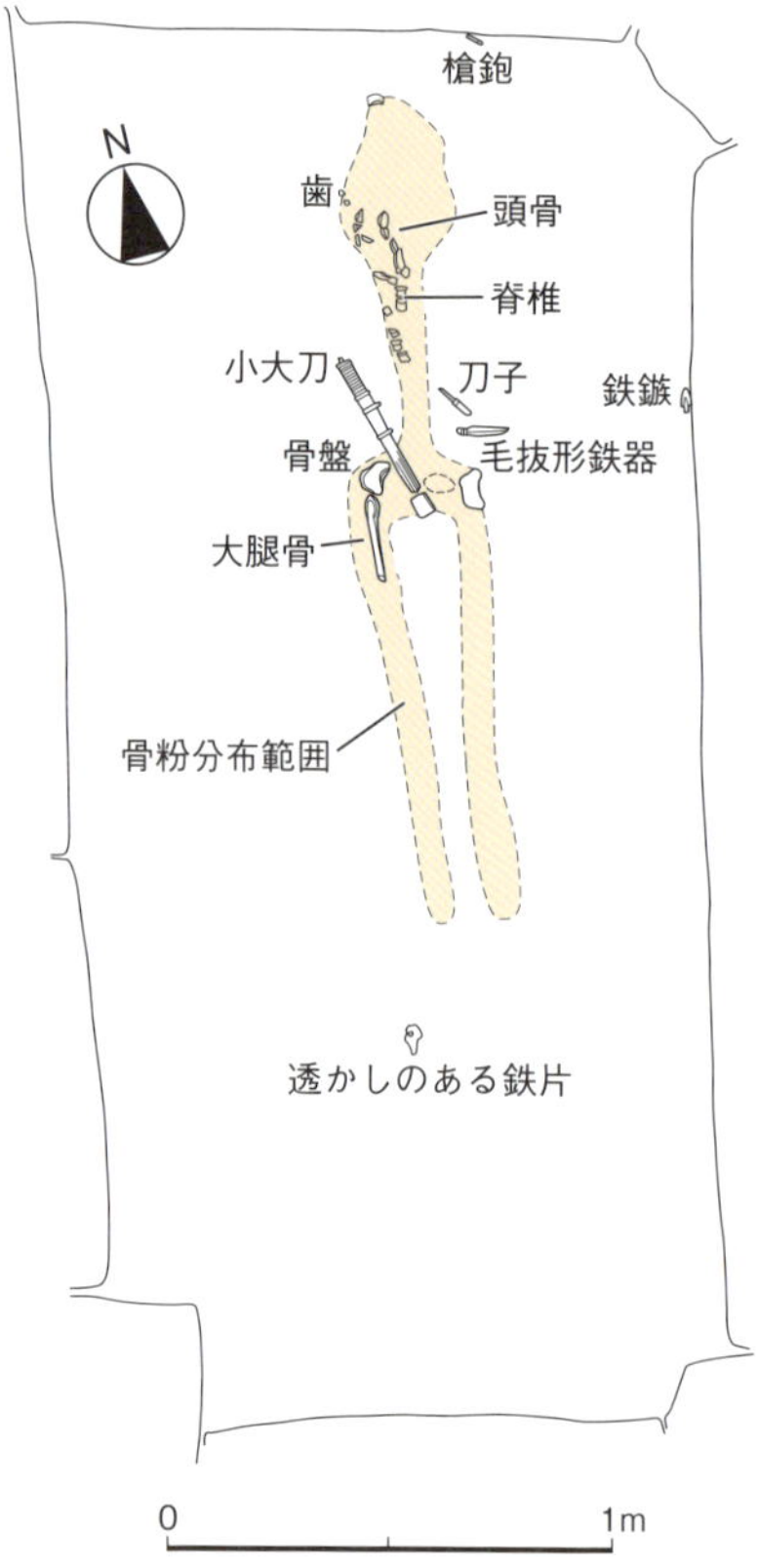

図11 ● 石室内に残る遺骸と副葬品の配置
人骨はほとんどが粉状になっていた。背骨と両足の骨がかすかにみえる。
遺物は少ない。大刀は遺骸の胸部から腹部にかけて置かれていた。

製のやや太めの責金具があり、そのあいだは木質の上に紐が巻きつけてある。さらに、把部全体に黒漆が塗られていた痕跡が確認できる。鞘部は、銀製の鞘口金具と二つの吊金具が装着されており、把部と同様に木質の上には黒漆と思われるものが付着している。遊離している鞘尻金具は、銀製の責金具のうえに鉄製の鞘尻金具をかぶせるようにしているのがわかる。

このような観察から、この大刀は、全体に黒漆が塗られ、金具が銀色に輝く豪華な大刀であったことが想像できる。

石室外から出土した遺物

石室外から出土した遺物は、鉄鉾《てつほこ》一点、小型の環を連れた鉄製環二点、両頭金具二点、鉄釘一点、鉄鏃《てつぞく》三七片、不明鉄製品一点で、石室内の副葬品より数が豊富で、墳丘規模相応の内容である。

鉄鉾は推定全長一八センチ。身の三分の一ほどからは袋に作られ柄が挿入されるようになっており、木質の一部が残存している。両頭金具は弓に付ける金具。

鉄鏃の鏃身部の形態は、長三角形と腸抉《わたぐり》のある長三角形、腸抉類五角形、片刃、雁股《かりまた》がある（**図13**）。このなかで雁股鏃は常陸

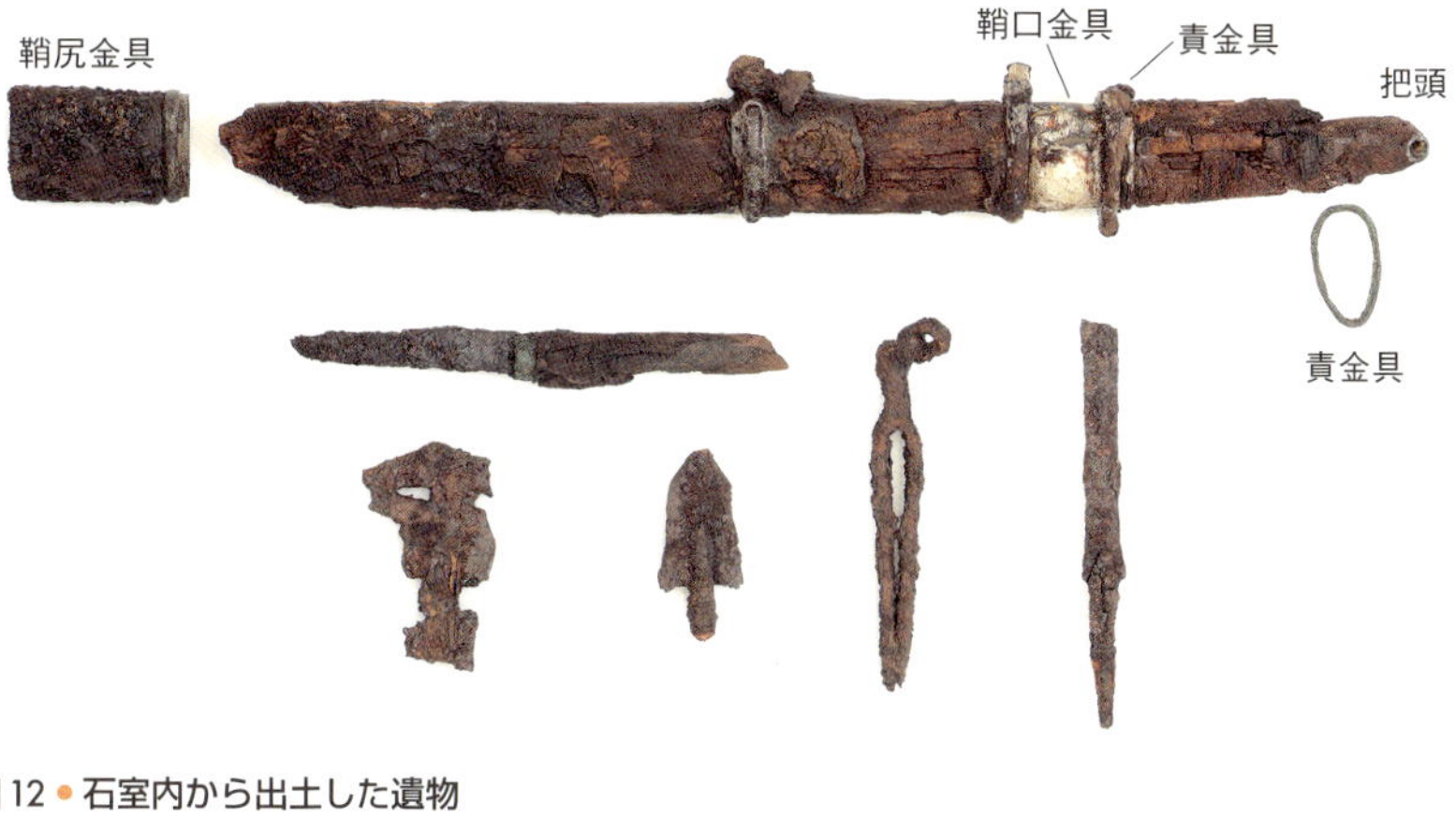

図12 ● 石室内から出土した遺物
上段は大刀（長さ38cm）、中段は刀子、下段は右から槍鉋、毛抜形鉄器、鉄鏃、透かしのある鉄片。

で出土例が少なく注目される。これらの鉄鏃は、七世紀前葉ごろの時期のものと比定できる。

これら石室外から出土した遺物は、当初石室内にあった可能性が高い。したがって、両頭金具からは石室内に弓があったことが、木質の残る鉄釘からは木棺があったことが推測できる。

またこれらの鉄製品のほかに、墓道と墓道西側の集石遺構から土師器《はじき》が、前方部墳頂から斜面部では須恵器の大甕と平瓶の破片が出土している。

以上の出土した遺物から、虎塚古墳は七世紀初頭に築造と初葬がおこなわれたと推定できる。そして追葬がおこなわれたことがわかったが、石室内から出土した遺物の時期は七世紀前半としか推定できず、追葬時期を確定することは難しい。

追葬がおこなわれた際に死者を納めた棺ごと副葬品が石室外へ持ち出されたものと考えるが、この状況について、通常の追葬では考えられない状況だと元国士舘大学の井博幸氏は指摘する。つまり、この状況から先葬者と追葬者のあいだに血縁的・系譜的関係はないとみなし、追葬者によって墓は乗っ取られた可能性が高いと推断しているのである。この指摘は、石室内に文様が描かれたのが石室構築時なのか追葬時なのかという疑問と深く関係しており、虎塚古墳を考えるうえで重要な指摘である。

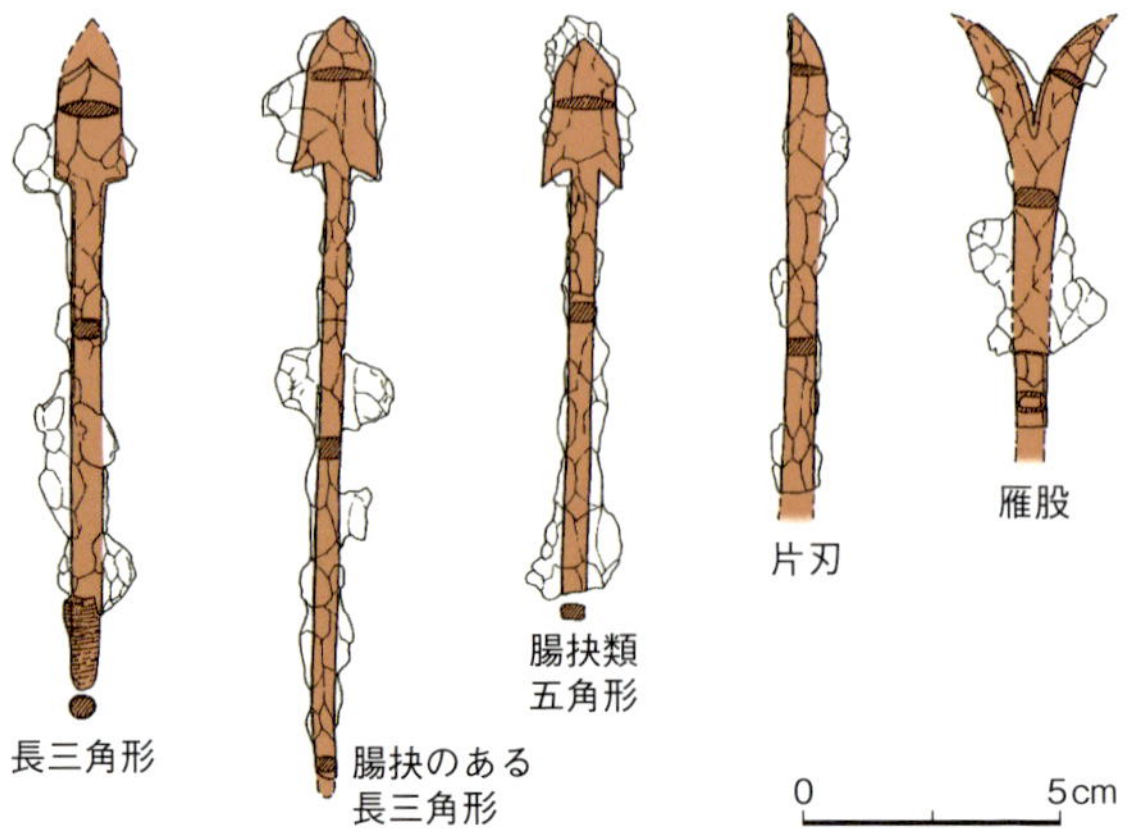

図13 ● 石室外から出土した鉄鏃
出土した鉄鏃は5つに分類できる。雁股鏃は1点のみ。

4　地域からみた虎塚古墳

虎塚古墳群第四号墳と第五号墳

近年、虎塚古墳周辺で多くの調査を実施し、虎塚古墳を考えるうえで重要な成果を得ている。また、墳形や石室を対象とした研究も進んでいる。ここでは、これら最新の調査や研究をもとに、地域から虎塚古墳の特徴を考えてみたい。

虎塚古墳群第四号墳（虎塚四号墳）は、虎塚古墳から北へ約四〇〇メートルの場所にある。墳丘は昭和初期の土取によって失われ、現在は巨石の石室がむきだしの状態となっていることから、「茨城の石舞台古墳」とよぶ人もいる（図14）。

一九八七年の調査により周溝が確認され、方墳であることが判明した。

埋葬施設は、凝灰岩の切石を用いた半地下式の単室構造の横穴式石室である。石室がむきだしとなっているため、石室を外側からみることはできるが、内側は天井石が羨道部側にズレ落ちて入口を塞ぎ、土が堆積しているため観察することはできない。

過去の調査から、石室の奥壁・左右側壁・天井石・床石それ

図14 ● 虎塚4号墳の石室
周溝外周で約31mの方墳。石室の規模は内側で奥行き2.2m、幅1.9m、高さは推定で1.5m。

ぞれが一枚石で箱形に構築していることがわかる。玄室は長方形で、奥壁は正方形、側壁はほぼ垂直に立ち、奥壁との接点では奥壁の両端をL字状に切り込んでいる。

玄門部は、一枚石の板石の中央を横五〇センチ、縦一メートル刳《く》り貫いている。一枚石を刳り貫く玄門構造は常陸ではほかに確認できないことから、この刳り貫き玄門が当古墳の特徴といえる。刳り貫き玄門を有する横穴式石室については、千葉県松戸市立博物館の小林孝秀氏が下野の事例を中心に検討している。

小林氏は、下野の刳り貫き玄門を有する横穴式石室が、その特徴から出雲よりも伯耆西部や九州の肥後との類似性があり、肥後と下野のあいだに系譜的なつながりを想定する可能性も視座に据えるべきであろうとしている。

虎塚四号墳と他地域とのつながりを考えるうえで、小林氏の指摘する下野の切石石室や肥後との関連性は興味深い。ただし、下野の切石石室の床石は川原石敷が主体であるのに対して、虎塚四号墳の石室の床石は一枚の切石で構築されているという相違点があり、下野と虎塚四号墳との関連性を考える際、このちがいを考慮しなければならない。

また、虎塚四号墳の石室構造は、古墳研究者の上野恵司氏が指摘する「出雲型石室」の特徴に合致する点もあり、当古墳と他地域との関連性については今後さらなる検討が必要だろう。

虎塚四号墳の時期は、周溝内出土の須恵器の年代から七世紀中葉と考える。

虎塚古墳群第五号墳（虎塚五号墳）は、二〇一七年に周溝確認調査を実施し、直径約二五メートルの円墳もしくは多角形墳であることが判明した（図15）。

調査は周溝上面しか確認していないため詳細は不明だが、多角形墳であるならば、最近の調査で同じように多角形墳であることが判明した水戸市の吉田古墳との関連性がうかがえる。吉田古墳の石室奥壁には、線刻による靫《ゆき》などの武器類の文様が描かれている。

このように虎塚四号墳は肥後といった他地域と関連性が考えられる古墳であり、虎塚五号墳は線刻の装飾古墳と関係があるかもしれない古墳であるということは、虎塚古墳を考えるうえで注目すべき成果である。

笠谷古墳群

虎塚古墳から南西方向へ約五〇〇メートルの中丸川をのぞむ台地上に笠谷《かさや》古墳群がある（**図3参照**）。確認している古墳は、前方後円墳二基、円墳一〇基の計一二基であるが、過去にはなお多くの古墳が存在していたと思われる。

前方後円墳は第六号墳と第七号墳で、規模は第六号墳が全長約四三メートル、第七号墳が約二八メートル。ほかの円墳は直径一〇～二五メートルの範囲にある。

第六号墳は墳丘から円筒埴輪や形象埴輪片が確認

図15 ● 虎塚5号墳の調査
円形あるいは多角形のような周溝の跡がわかる。
墓道の入口と石室の一部が露出している。

されたことから、埴輪が樹立していたと考えられる。埋葬施設は後円部の盛土内にあり、横穴式石室と推定されるが、発掘調査の成果が未報告のため詳細は不明である。埋葬施設内からは、圭頭大刀《けいとうたち》や馬具、鉄鏃などが出土している。馬具は金銅製の雲珠《うず》や辻金具、イモ貝をともなう轡《くつわ》や飾金具（イモ貝装馬具）などがある（図16）。

馬具には、その形状から六世紀後半と七世紀前葉の二組があることから、当古墳では追葬がおこなわれたと推定できる。またイモ貝装馬具は、常陸では当古墳を含め東海村の二本松古墳、鉾田《ほこた》市の天神山古墳群第四号墳、常総《じょうそう》市の七塚《ななつか》古墳群第一号墳の四例しかないもので注目される。

第七号墳は、埴輪を有せず、低い墳丘が特徴である。二〇一三年の地下探査により、後円部に横穴式石室の存在を確認した。古墳の時期は埴輪がないことなどから七世紀前葉ごろとした。

虎塚古墳との関係で考えると、笠谷古墳群が虎塚古墳に先行して六世紀後半から造られた古墳群で、虎塚古墳は七世紀になって新たにこの地域に造られた古墳といえる。こうした地域における変遷については、第4章であらためて考察することにしよう。

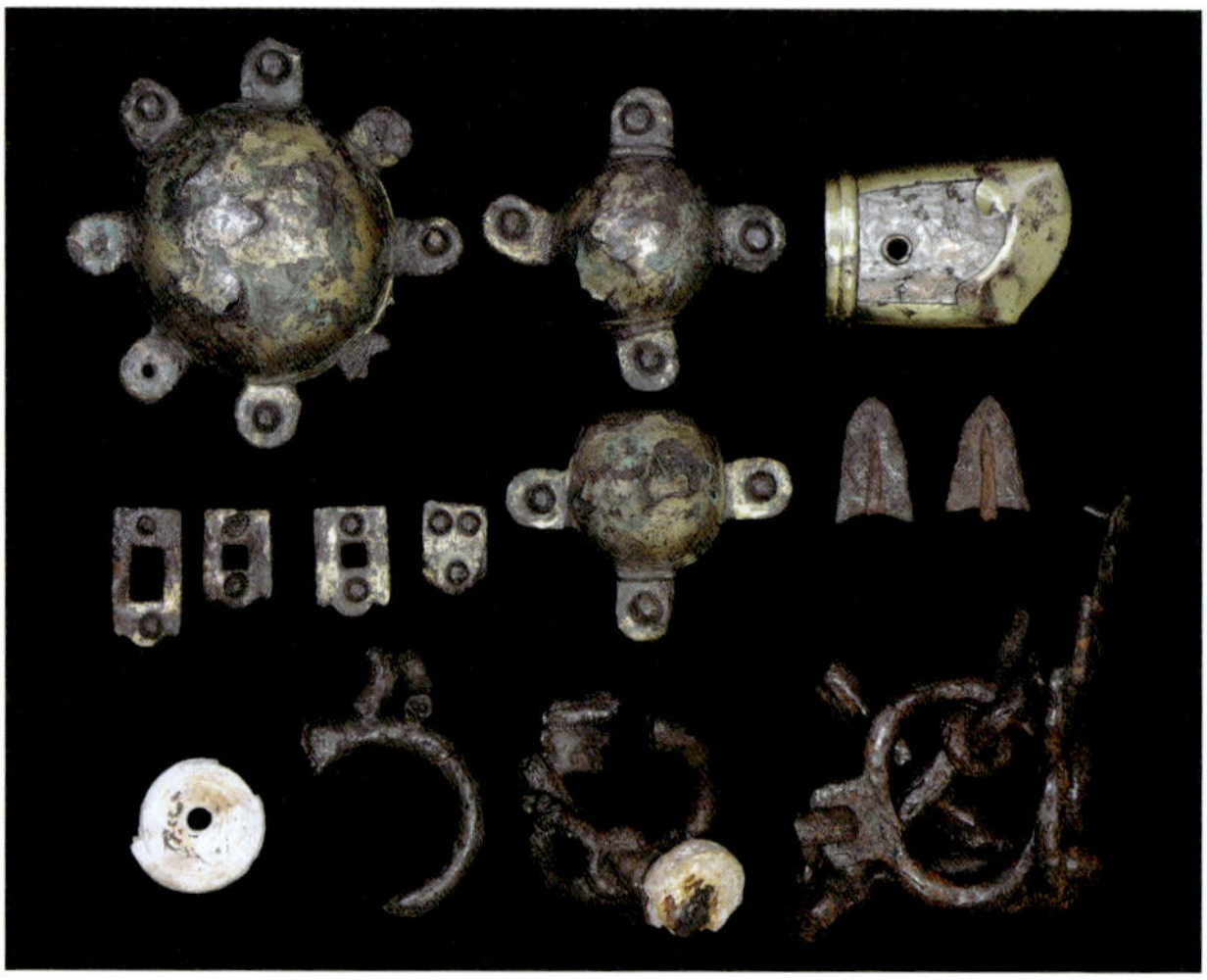

図16 ● 笠谷6号墳の出土遺物
右上が金銅製の圭頭大刀の一部。中央から左上が金銅製の雲珠などの馬具。下段の白いものがイモ貝。

集落跡の調査

さて、虎塚古墳周辺では古墳時代の集落跡の調査も実施している（図17）。

虎塚古墳と谷をはさんだ東側の台地上に鷹ノ巣遺跡がある。一九九二年から二〇一六年にかけて墓地造成にともなう四回の発掘調査を実施し、古墳時代後期前半の住居跡を三〇基確認した。また、鷹ノ巣遺跡の周辺でも宮後《みやご》遺跡、部田《へた》野《の》山崎Ⅰ遺跡が調査されている。宮後遺跡では二〇一〇年と二〇一五年の道路拡幅工事にともなう調査で古墳時代後期後半の住居跡を六基、部田野山崎Ⅰ遺跡では一九八八年と一九九四年の土地造成と道路建設工事にともなう調査で古墳時代後期前半の住居跡を九基確認した。

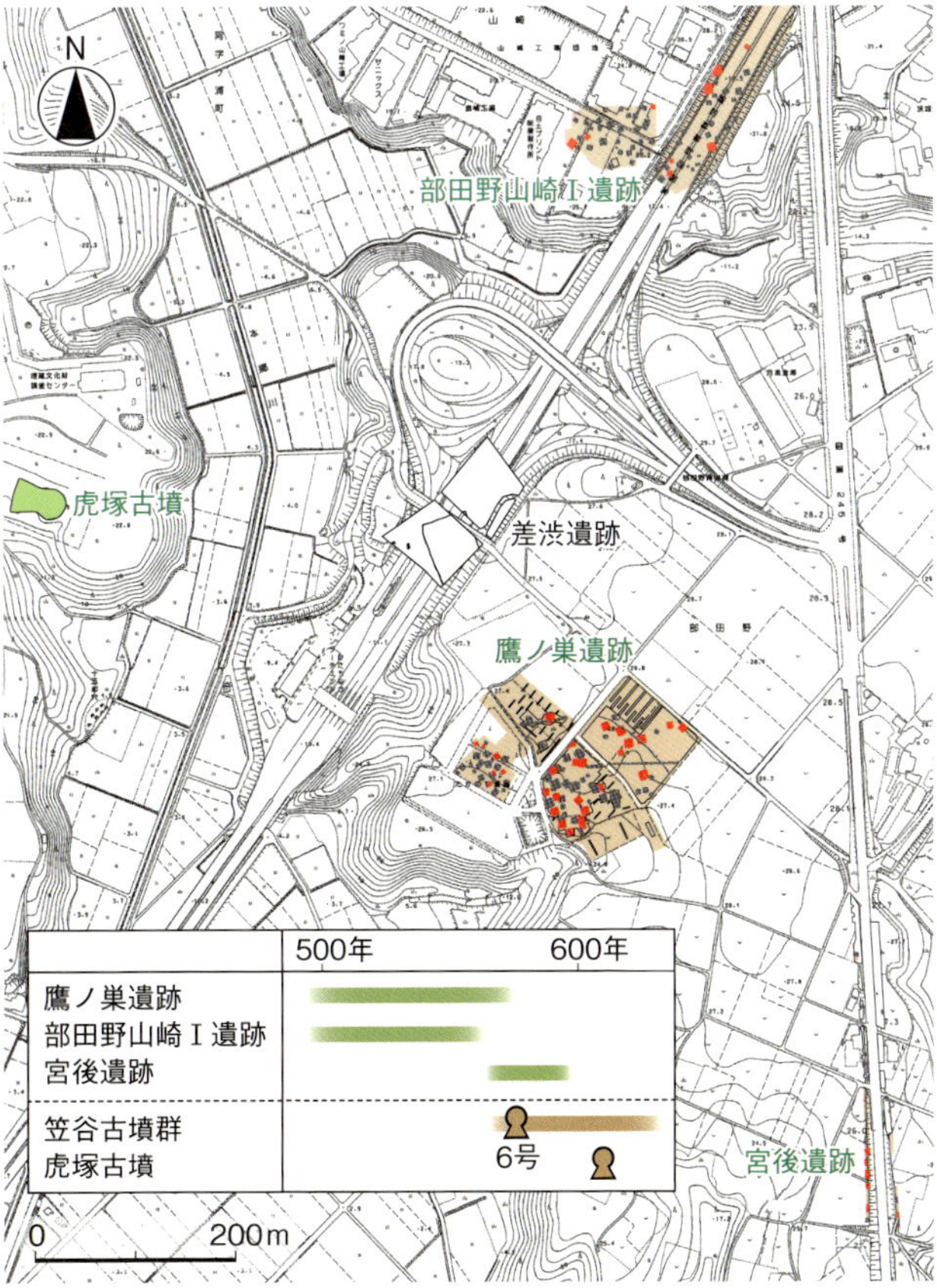

図17 ● 虎塚古墳周辺の古墳時代の集落遺跡
鷹ノ巣遺跡と部田野山崎Ⅰ遺跡の集落は笠谷古墳群築造直前の時期に終わり、宮後遺跡の集落は虎塚古墳築造直前に終わりを告げている。

これらの三つの遺跡の調査から、虎塚古墳出現時期の様相をみると、鷹ノ巣遺跡と部田野山崎Ⅰ遺跡は笠谷古墳群築造直前の時期に集落が終わり、虎塚古墳築造直前に宮後遺跡の集落が終わりを告げている。つまり、虎塚古墳出現期に近隣の集落が消滅しているということだ。この事象は虎塚古墳の出現を考えるうえで興味深い。

また、虎塚古墳群と笠谷古墳群のある台地でも、二〇一六年と二〇一七年に実施した畑地改良工事予定にともなう試掘調査の結果から、笠谷古墳群周辺には古墳時代の住居跡はなく、虎塚古墳周辺に古墳時代後期の住居跡と思われるものが二基確認された。

そのうち虎塚古墳のすぐ脇で確認された住居跡からは、虎塚古墳築造時期と同じ七世紀初頭と思われる土器が出土している。この住居跡の調査は一部しか実施していないために詳細は不明だが、虎塚古墳のすぐ隣に位置することや土器の年代から虎塚古墳の墳丘築造時の住居で、埋葬に関連する施設の可能性が高く注目される。

以上の調査成果から、虎塚古墳のすぐ近くで確認した住居以外に周辺地域には集落がないことが判明した。つまり、この地域が墓専用の区域＝墓域だったと推定できるのである。

虎塚古墳の独自性と共通性

古代の常陸地域では、前方後円墳という墳形は七世紀前葉にほぼいっせいに終わる。前方後円墳は、三世紀中ごろから七世紀はじめごろまでの三五〇年間、ほぼ全国に造られ、その数はおよそ五二〇〇基を数えるが、同じ形の墳墓を採用するということは、ヤマト王権主導のまとまりに属しているということを目でみて認識するということであり、古墳の規模の大小は中央と地方との階層性を示すと考えられている。

このような政治的な要素の強い前方後円墳の築造が終了するということは、中央の政策の変換ととらえることができ、中央の政策によりほぼいっせいに前方後円墳の築造が終わる動きのなかに虎塚古墳も位置づけることができる。

そのなかで石室の形態をみると、虎塚古墳の石室は断面が台形となるように組み立てる「凝灰岩切石台形組石室」とよばれる、常陸中央部から北部地域の古墳に特徴的な形をしている。

また、北部地域の久慈川《くじがわ》流域や十王《じゅうおう》川《がわ》流域には、玄室が台形となる「台形型横穴墓《よこあなぼ》」や、常陸太田市の山吹山古

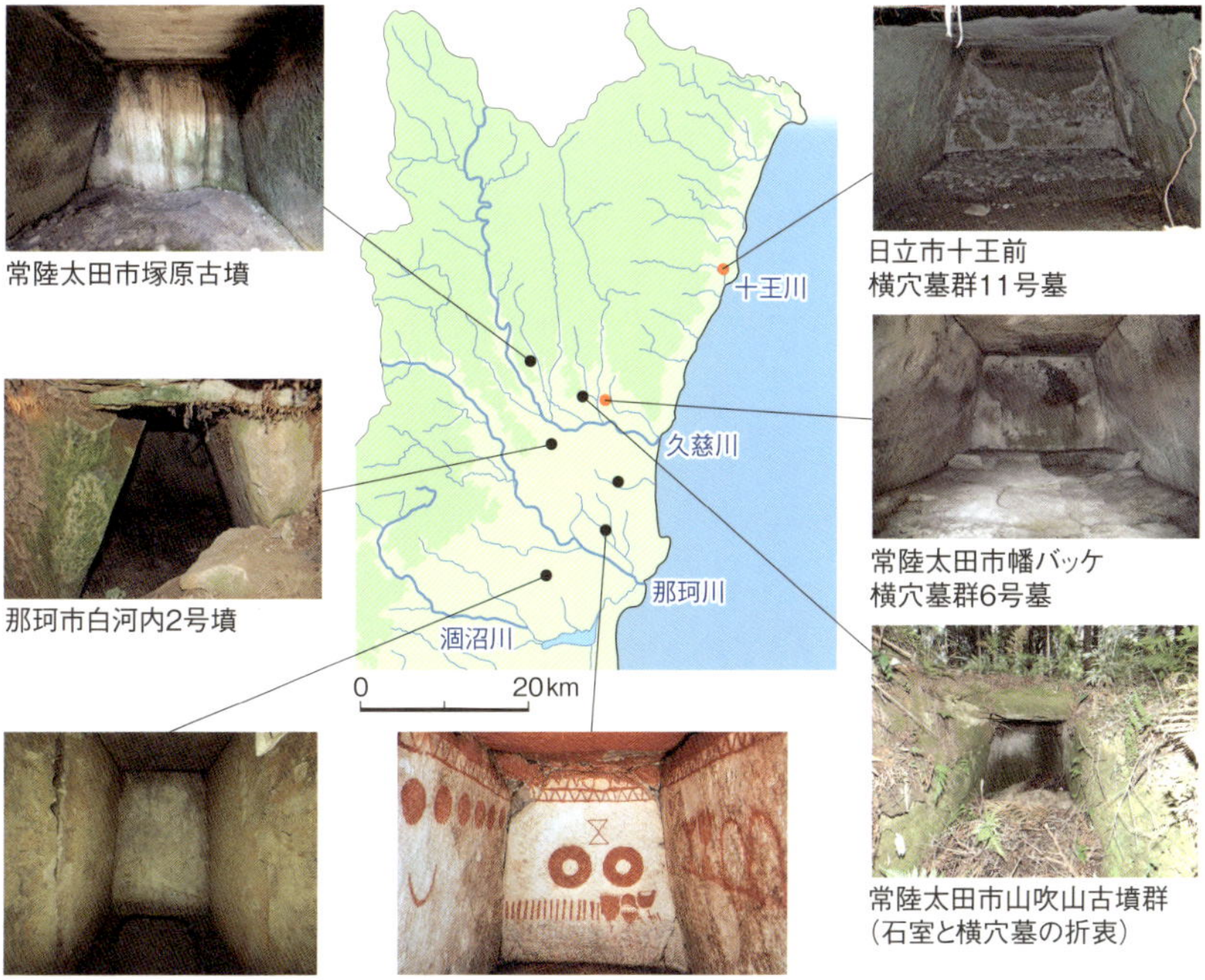

図18 ● 凝灰岩切石台形組石室と台形型横穴墓の分布
石材や形態・構造の類似は工人集団間の強固な関係を示唆し、常陸中央部から北部地域の「われわれ意識」をあらわしていると考えることができる。

墳群や幡山《はたやま》古墳群には岩盤を「台形型横穴墓」のように掘り下げ、天井部のみに切石を使用する石室と横穴墓の折衷形ともいえる古墳といった「凝灰岩切石台形組石室」と非常に似た石室・墓室がある(図18)。

このような石材や形態・構造の類似は、工人集団間に強固な関係が存在していたことを示唆しており、それはすなわち古墳研究者の広瀬和雄氏が提唱する、常陸中央部から北部地域の「われわれ意識」=「集団的帰属意識」をあらわしていると考えることができる。

また、虎塚古墳では出土していないが、虎塚四号墳からは須恵器のフラスコ形長頸瓶《ちょうけいへい》が出土している。フラスコ形長頸瓶(図19)は、常陸ではそのほとんどが墳墓から出土するため、葬送儀礼に使用することを主目的とする土器とされる。

おもな生産地として有名なのが静岡県の湖西《こさい》窯跡群である。湖西窯跡群は、湖西市を中心とした浜名湖の西岸地域である天伯原《てんぱくはら》台地一帯に分布する窯跡群で、現在までに確認された古代の窯跡は三〇〇カ所を越え、中世窯も含めると一千基にのぼると考えられている。

静岡県内の須恵器生産は、五~六世紀代に各地で単発的に操業されていたものが、六世紀末~七世紀初頭には湖西窯跡群に集約され、

図19 ● フラスコ形長頸瓶
常陸太田市の幡山東横穴墓群から出土。常陸では葬送儀礼に特化した須恵器と考えられる。外面には釉がかかり、形もきれいな土器だ。

七世紀中葉ごろから生産量が爆発的に増大するとされている。生産が増大すると、製品の分布は西では畿内、東では関東から太平洋沿岸地域を中心とした東北地方北端の青森県八戸地域まで一挙に広がり、八世紀前葉ごろまで流通しつづける。

東海産の須恵器が流通した背景には、六世紀以来の駿河西部地域の在地首長層が海運力によって築きあげた東日本太平洋沿岸地域の首長層との相互関係のネットワークが基盤となっていると考えられている。このことは、古墳時代においてヤマト王権主導ではない、地域を主体とする地域間交流が展開されていた可能性を示唆する事例といえる。

以上、虎塚古墳は、汎列島的な前方後円墳という共通の墳形をとりながら、常陸中央部から北部地域に共通の石室構造をもつ。また当地域では、虎塚四号墳のフラスコ形長頸瓶の墳墓への使用にみられるような東日本太平洋岸の共通性もみえる。このような共通性は、「中央と地方」・「地域首長層と地域首長層」・「地域首長層と中間層」といった重層の関係性（図20）の表出と考えることもできる。

虎塚古墳は装飾古墳という一見特異な古墳と思われるが共通性もあわせもつ。次章ではその装飾壁画をくわしくみていこう。

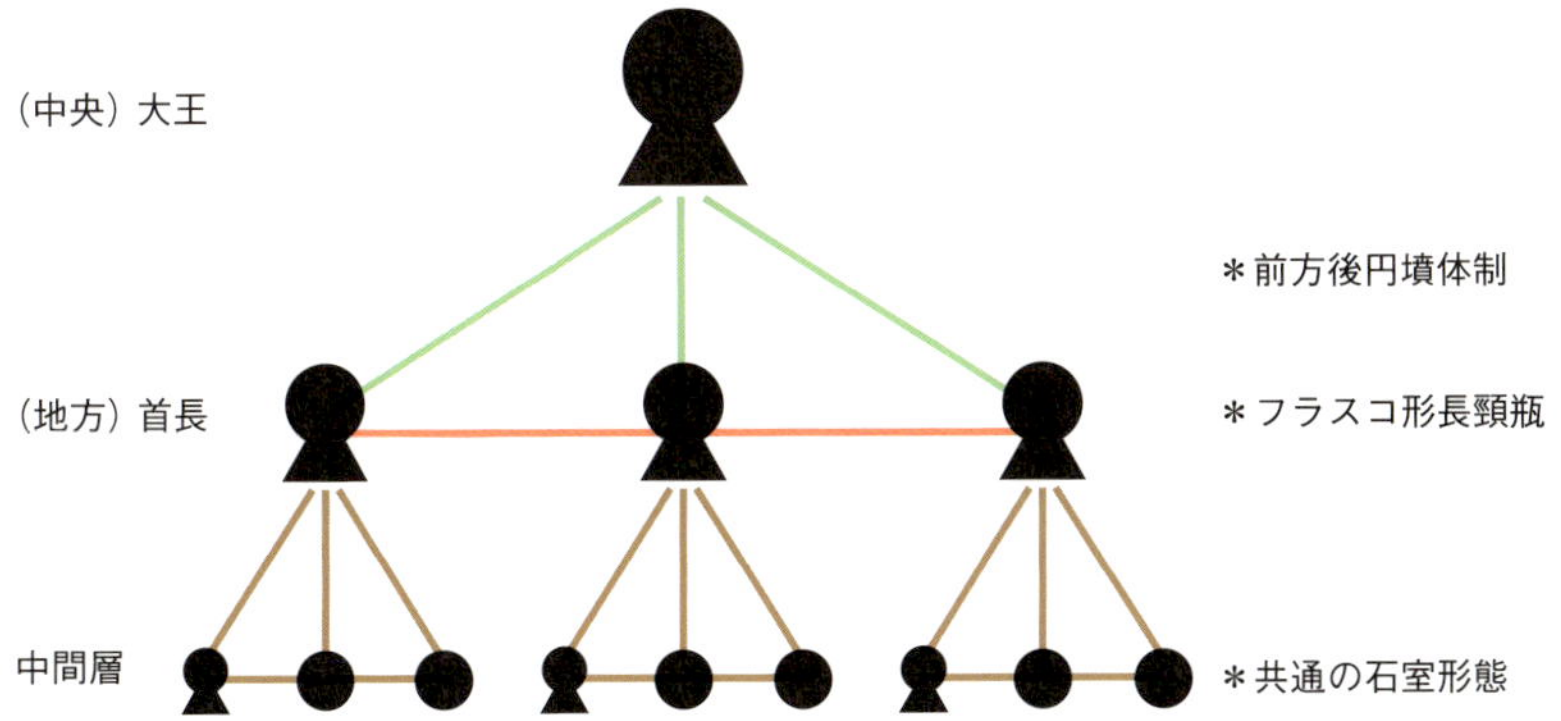

図20 ● 大王・首長・中間層の模式図
古墳時代後期は、中央と地方という関係以外に、地方の首長同士のつながりや首長と中間層のつながりなど、重層の関係性がみられる。

第2章　虎塚古墳の壁画をさぐる

1　壁画の図像

虎塚古墳の特徴である壁画は、石室の奥壁と両側壁、玄門部にある（図21）。文様は石室石材の凝灰岩のうえに、凝灰岩の粉末を材料とした白土を下塗りし、そのうえにベンガラで円文や三角文といった幾何学文様と、大刀や靫《ゆき》、馬具といった武器・武具類を描いている。天井石には、全面にベンガラをかなり濃く塗布している（図1参照）。刷毛を動かした痕跡が顕著にみられる。床面にも同じようにベンガラを全面に塗っている。

それでは場所ごとに細かく文様をみていくことにしよう。

奥壁

奥壁の文様はもっとも特徴的だ（図22）。上段に連続三角文を二段に描き、その下に頂点を上下に接した三角文を描いている。そして、奥壁のほぼ中央に、虎塚古墳の壁画の象徴ともいえる環状文が二個ある。

西側（**図22左側**）の環状文は外径三四・四センチ、内径一二センチ、東側の環状文は外径三二センチ、内径一二センチで、幅一〇～一一センチのドーナツ状になっている。

この二つの環状文は、外径と内径をコンパス状の器具で線刻した後、塗り絵のようにそのあいだをベンガラで塗布している。西側の環状文の上部は塗り残しがあるため線刻がよく観察できる。文様を描く際にコンパス状の器具を使用したことは、円の中央に軸の痕跡が残ることからも明らかである。

下段には、西側から一五本の槍・鉾形図文、二個の

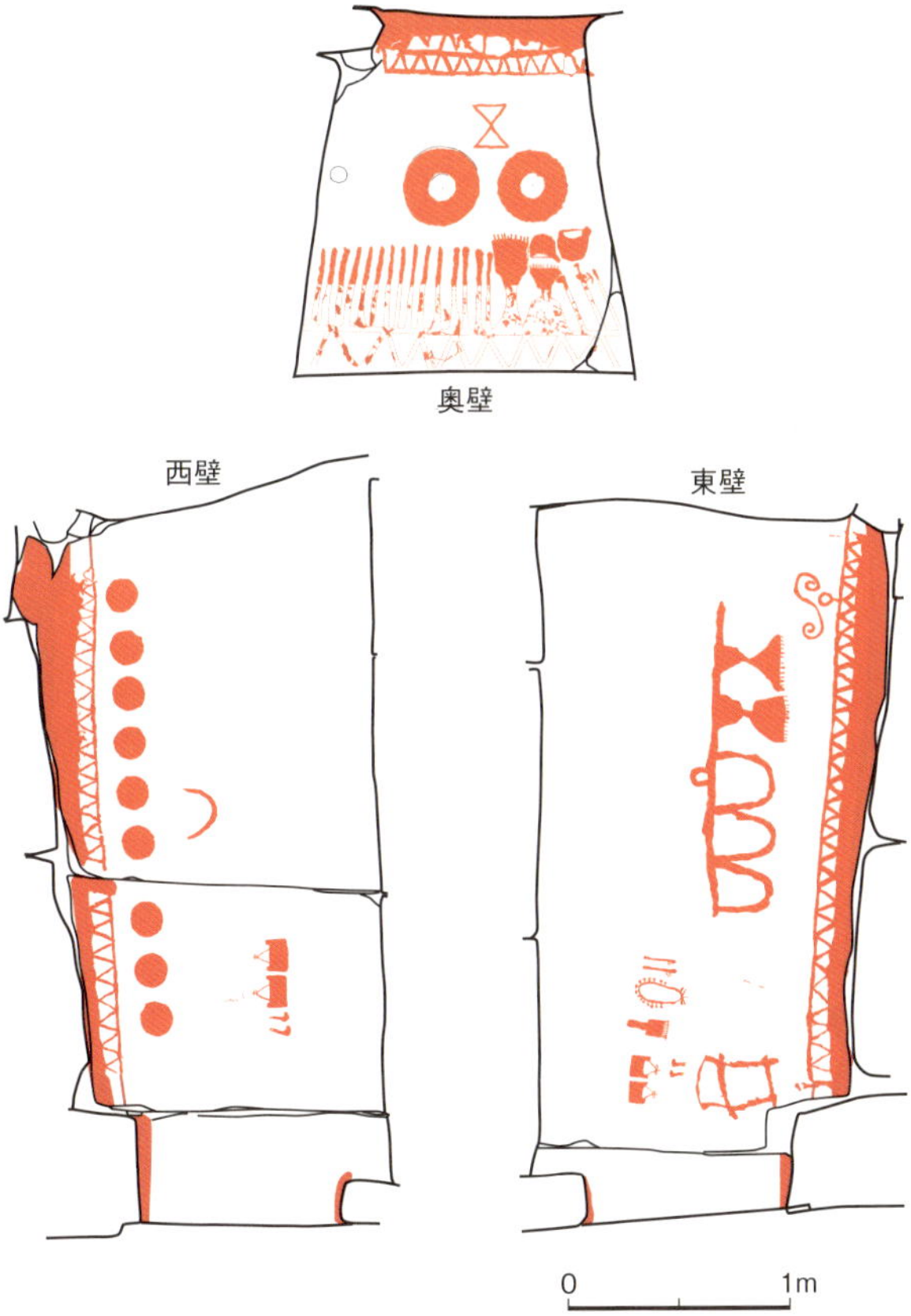

図21 ● 壁画
奥壁と東西壁に、円文などの幾何学文様と、大刀や靫などの武器・武具類の文様が描かれている。

靫形図文、二個の鞆《とも》形図文、三口の大刀を描いている。靫は矢を入れて背中に負う武具で、大小の組み合わせで描いている。二つとも一〇本の矢を入れた表現になっている。鞆は弓射の際に手の甲を保護する防具で、上下が逆転した組み合わせで描いている。

大刀は、把頭の表現などから西側が頭椎《かぶつち》大刀《たち》、東側が円頭《えんとう》大刀《たち》、中央が鹿角装《ろっかくそう》大刀《たち》を表現したと考えられる。また、三口とも斜めに描かれているのは、横穴式石室内に実際に大刀を立てかける類例があることから、それを絵で表現した可能性がある。

最下段には、顔料が剥落していてよくわからないが、連続三角文を描いている。そのほかに、中央の環状文の西側に線刻の小円文が存在する。この線刻もコンパスを使って描いたと推測されている。なぜ彩色していないのかは不明だ。

図22 ● 奥壁の壁画
2つの環状文の中心には、円を描く際に使用した器具の軸の痕跡がある。大刀は壁に立てかけたように斜めに描かれている。

東壁

東壁（図23）上段は、天井石と接するところから下に一〇～一三センチの幅で全面をベンガラでベタ塗りし、その下に一段の連続三角文を描いている。奥壁側から玄門側にむかって描いたと推測され、奥壁側は線も太く三角形が整っているのにくらべ、中央から玄門側では線も細く描線にも凹凸があって粗雑な感をあたえる。

奥壁側には連続三角文下縁の線に接して吊り下げた形の小円文がある。その近くには左右に蕨手《わらびて》状の渦を巻く双頭渦文《そうとうかもん》を描いている。

中央には台のように引いた線上に、二個の靫形図文と三個の盾形図文がある。靫形図文は二つとも一三本の矢を入れた表現になっている。盾形図文の奥壁側の下には吊り下がるように円文がある。

玄門側には、井桁《いげた》形図文、有刺棒形図文、頸玉《くびたま》形図文、さしば形図文、鐙《あぶみ》形図文、凹字《おうじ》形図文がある。

これらの図文名はすべて報告書の表記で、井桁形図文、有刺棒形図文、さしば形図文、凹字形図文についてはは具体的に何を表現しているのかわか

図23 ● 東壁の壁画
2つの靫と3つ盾が、台の上に置かれたように描かれている。左上には吊り下がった円文や渦巻きの文様が、右側には多種類の文様がある。

っていない。また、頸玉形図文についても、上部に結び目のような表現があり、丸玉が連なったようにみえるが、確定はできない図文であり、鐙形図文についても消去法で判断されている。

これらの文様のなかで注目されるのは線刻と彩色の併用で、頸玉形図文とさしば形図文、鐙形図文、凹字形図文にみられる。これらの図文は奥壁の環状文とは違い、線刻したうえをなぞるように彩色される。

西壁

西壁（**図24**）上段は、東壁と同様に天井石と接するところから下に約八センチの幅で全面をベンガラでベタ塗りしている。その下には一段の連続三角文を描いている。

連続三角文は西壁を構成する二枚の石材にわたって描いており、玄門側の図文は描き方がていねいできれいな三角形が並ぶのに対して、奥壁側は

図24 ● 西壁の壁画
9つの円文が横一列に並ぶ。中央のU字状の図文は舟か弓か。左下には馬具と思われる文様がある。

描線に凹凸がはなはだしく、三角形もきれいではない。報告書では、奥壁側と玄門側で別人が描いたのではないかと推測している。

西壁を特徴づける図文は九個の円文だ。コンパス状の器具で線刻の円を描いた後にベンガラを塗布している。円の直径は奥壁側の四個が一五センチ、玄門側の五個が一四・五センチ。円の直径に違いがあるのは、二種類の器具を用いたか、あるいは描き手が二人いた可能性が指摘されている。

奥壁から五個目と六個目の円文のあいだの下にはU字状図文がある。この文様については形式化された舟または弓とする解釈があるが、よくわからない。

玄門側には、東壁と同様に鐙形図文、凹字形図文がある。これらの図文も線刻と彩色を併用して描いている。

玄門

玄門は、柱石とその上に架構された楣石、そして柱石間に置かれた梱石で構成されており、それぞれにベンガラを塗布している。楣石は全面にベンガラを塗布しているのに対し、梱石は石室内側にベンガラを塗布していない。これは

図25 ● 玄門部の壁画
閉塞石がはまっていた部分に
連続三角文がみられる。

石室外からの視線を意識したもので、内側を塗っていないことは簡略化と思われる。柱石も外側のみにベンガラを塗り、そのほかは白土のみを塗っている。

楣石と左右の柱石の閉塞石をはめる枘状に一段刳り込まれた部分には、やや粗雑な連続三角文がみられる（図25）。この部分は閉塞石をはめるとまったくみえない部分となるため、埋葬時に入口に必要な図文として描いた文様だろう。

この入口部分の連続三角文については、元同志社大学の辰巳和弘氏の興味深い解釈がある。三重県松阪市の宝塚一号墳で出土している埴輪のなかに、垣や塀と鉤《かぎ》の手の門構えを表現した囲形《かこいがた》埴輪とその内側に置かれた家形埴輪がある（図26）。これは、水の祭儀場をミニチュア化したものとされているが、入口部分の上端にだけ四つの三角を連なって造形しており、虎塚古墳の玄門部の連続三角文との類似を指摘している。

囲形埴輪では、水の祭儀場という聖なる場所への入口に連続三角文があり、虎塚古墳では被葬者が眠る空間への入口に連続三角文があることから、辰巳氏は連続三角文に魔除けの意味をもたせている。

図26 ● 三重県松阪市の宝塚1号墳で出土した囲形埴輪
垣や塀と鉤の手の門構えを表現し、入口上部に連なった三角形がみられる。

2　常陸の装飾古墳の特徴

常陸各地に散在

虎塚古墳が属する古代の常陸にあたる地域には、古墳が九基、横穴墓が九基の計一八基の装飾古墳が確認されている。このなかには後世に追加・落書きされた可能性があるものを含むため、確かなものは彩色のある八基と線刻のみの三基の合計一一基と考えられる。

その分布は、南は霞ヶ浦周辺から北は常陸北部地域まで、一つの地域に集中するのではなく常陸各地に散在する（**図27**）。

九基ある古墳の墳形は、前方後円墳が二基、円墳が三基、方墳が二基、多角形墳が一基、不明が一基である。ちなみに、東日本の彩

図27 ● 常陸における装飾古墳の分布
常陸の各地に点在しているのがわかる。十王前横穴墓群では3基、幡バッケ横穴墓群と権現山横穴墓群では2基ある。

色のある装飾古墳で、高塚古墳の形態のものは常陸にしか存在しない。

新たに形成された古墳群に出現

こうした常陸の装飾古墳は、既存の古墳群ではなく、新たに形成された古墳群に出現するという特徴が、日立市の生田目和利氏によって指摘されている。

虎塚古墳を例にすると、虎塚古墳の周辺には笠谷古墳群や大平《だいら》古墳群が存在する。前章でみたように笠谷古墳群は虎塚古墳のすぐ近くにあって、前方後円墳が二基、円墳一〇基が確認されている。虎塚古墳の北西に約三キロ離れた大平古墳群では、前方後円墳三基と円墳数基が確認されている。

笠谷古墳群や大平古墳群は六世紀後半から七世紀にかけて造られたと考えられるが、これらの六世紀後半から続いている古墳群のなかには装飾古墳はなく、これらの古墳群とは場所を変えて新たな場所に築造された虎塚古墳に装飾が出現するのだ。しかも、笠谷古墳群や大平古墳群は埴輪をともなっているが、虎塚古墳は埴輪をともなっていないという点で、新しい墓制のなかで出現してくるものと考えられる。

常陸全体で装飾古墳の出現をみると、かすみがうら市の大師《たいし》の唐櫃《かろうど》古墳（図28）が六世紀の

図28 ● 大師の唐櫃古墳の壁画
東壁（写真右手）に多数の小円文が描かれているが、現在は薄くてよくはみえない。

終わりごろの築造で、現状では最古の装飾古墳と考えられる。七世紀に入ると、虎塚古墳やかすみがうら市の折越《おっこし》十日《とうか》塚《づか》古墳（図29）、日立市の十王前《じゅうおうまえ》横穴墓群（図30）などが出現する。常陸の前方後円墳は、七世紀のはじめごろに築造が終わると考えられているので、虎塚古墳や折越十日塚古墳は地域最後の前方後円墳となる。

以上のように、最後にあらわれる前方後円墳に装飾古墳があるというのも常陸の特徴のひとつと考えられる。

最初に造られた主墳

つぎに、古墳群中で最初に造られた主墳であることが多いことが指摘されている。このことについても虎塚古墳を例にとると、これも前章でみたように方墳の虎塚四号墳と円墳ま

図29 ● 折越十日塚古墳の玄室
奥壁の前に石棺が置かれている。奥壁と石棺側面は赤彩されている。

図30 ● 十王前横穴墓群第11号墓の玄室
奥壁には上段に連続三角文があり、赤色と黒色が交互にみられる。下段には、大刀や胡籙（ころく、矢を入れて携帯する容器）と思われる図文があり、赤色・黒色・白色の３色が使われている。

たは多角形墳とみられる虎塚五号墳など計五基で古墳群を形成しているが、この古墳群中で装飾古墳の虎塚古墳が最初に造られて、しかも前方後円墳という形であるということである。つまり、虎塚古墳が古墳群中で主墳となる。

　こういった例が、常陸の装飾古墳には多くみられる。また、古墳だけでなく横穴墓に関しても、装飾がある横穴墓は装飾がない横穴墓よりも規模が大きいなどの特徴がみられるので、やはり横穴墓群のなかでも主墓であるといえる。

埋葬施設の共通性

　つぎに、埋葬施設の共通性があげられる。常陸の装飾古墳の横穴式石室に使われている石材は、常陸西部や霞ヶ浦周辺では片麻状黒雲母《へんまじょうくろうんも》花崗岩《かこうがん》とホルンフェルス、虎塚古墳や常陸北部では凝灰岩、桜川市の花園古墳群第三号墳では花崗岩と四つの石材があるが、石室の構造は類似している。筑西《ちくせい》市の船玉《ふなだま》古墳（**図31**）と虎塚古墳、折越十日塚古墳の横穴式石室の側壁の石の枚数をみると、奥壁にむかって右壁が一枚で、左壁が二枚で構築されている。常陸でこういった石室構造は四例しかなく、しかも四例中三例が装飾古墳ということから、石室を造る工人になんらかの共通性があるのではないかと考えられている。

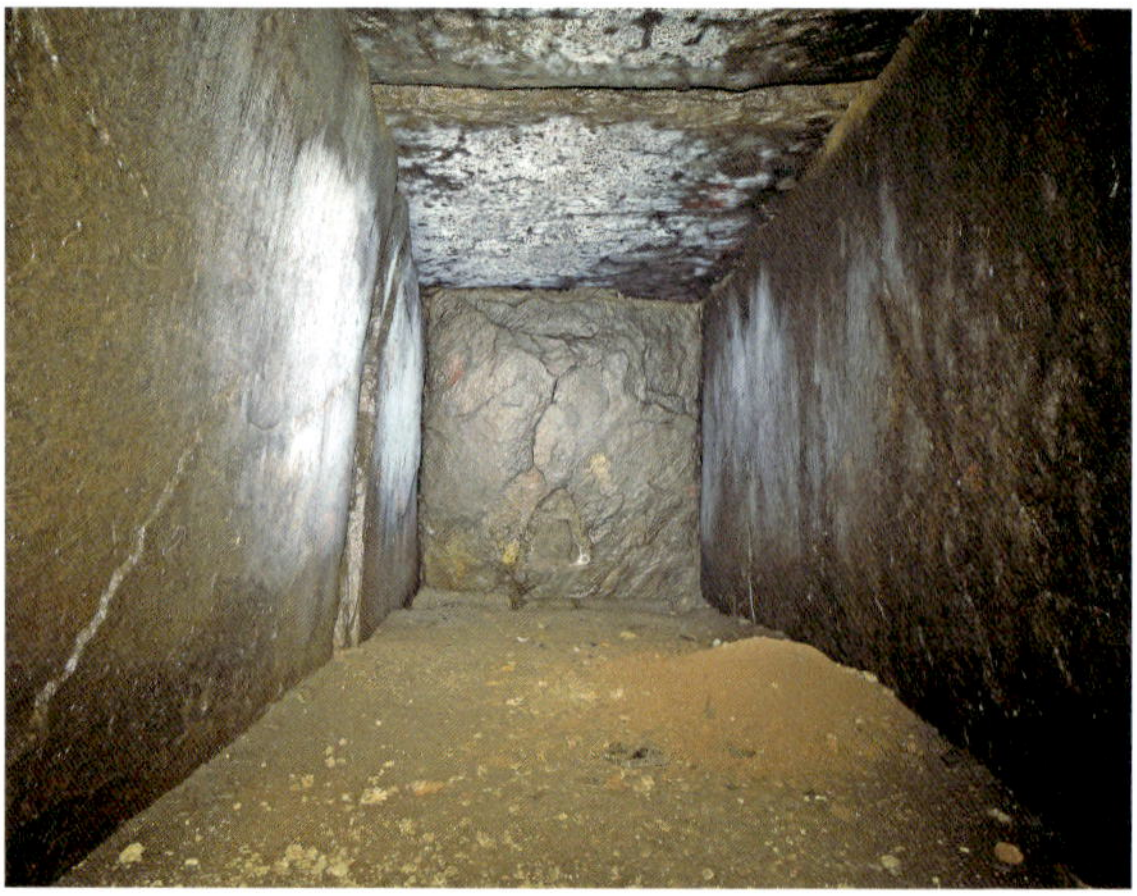

図31 ● 船玉古墳の石室
大型の横穴式石室（長さ5.18m、最大幅2.75m、最大高3.05m）で、虎塚古墳と同じく、東壁は1枚、西壁は2枚の石材で構成される。靭などの文様が奥壁と西壁にみられる。

赤・白・黒色の三色

壁画の色については、赤・白・黒色の三色が現在のところ確認されている。

赤一色は大師の唐櫃古墳と折越十日塚古墳、十王前横穴墓群第一四号墓で、赤と白色の二色が船玉古墳と虎塚古墳、赤と黒の二色が十王前横穴墓群第二号墓、赤と黒と白色の三色が花園古墳群第三号墳と十王前横穴墓群第一一号墓となる。

着色は顔料とよばれる絵の具が使われている。虎塚古墳の顔料については、発掘時にも分析を実施しているが、近年最新の機器を使用して再度分析をおこなった結果、白土は凝灰岩の粉末状のもので、ベンガラは人為的に製作された「パイプ状ベンガラ」であることが判明した。

「パイプ状ベンガラ」は（図32）、鉄バクテリア由来の原料から人為的に作られたものと推定されている。虎塚古墳の台地下には鉄バクテリアが集まっている湿地が存在しており、実験によってその原料を熱することにより「パイプ状ベンガラ」が製作できることがわかっている。

なお、顔料を石に密着させる物質については、分析をおこな

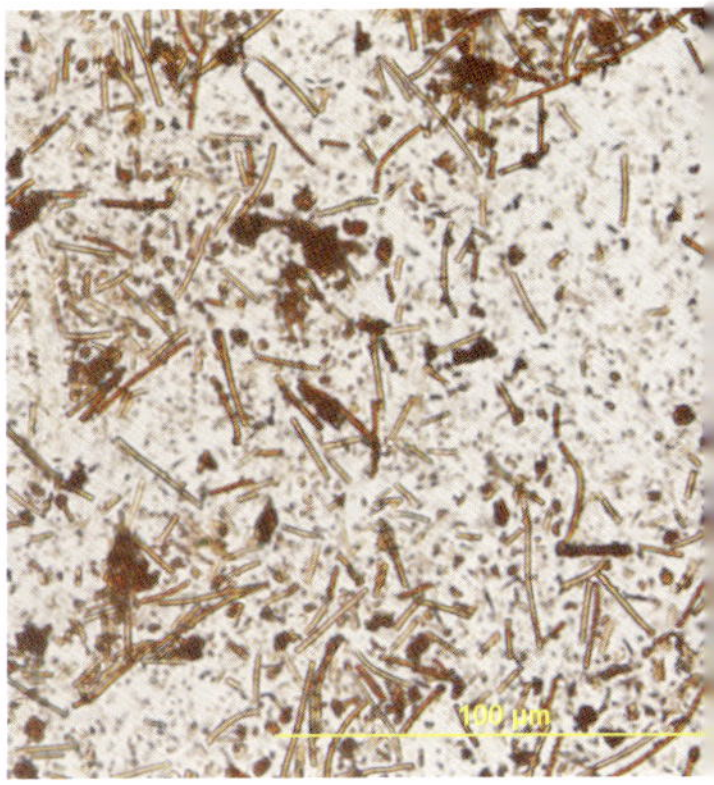

図32●鉄バクテリアが集まる湿地
左：虎塚古墳直下の谷には、赤茶色の鉄バクテリアの集積がみられる。
800度ほどで熱するとベンガラができた。
右：ベンガラを拡大するとパイプ状になっている。

っても検出は難しい。可能性として海藻があげられており、ひたちなか市内の海岸には粘りの強いカジメが採取できることから、虎塚古墳の石材と顔料は、古墳のすぐ近くで用意することが可能ということになる。

市内の子どもたちを対象に開催している考古学講座で、地元の凝灰岩、白土、ベンガラ、海藻のカジメを使用して壁画づくりの実験をおこなったことがあるが、虎塚古墳の壁画と非常に近いレプリカが完成した（図33）。石材と顔料が古墳のすぐ近くで用意したものである可能性が高まった。

靭の文様

文様では、弓を収納する靭が特徴的にみられる。この文様は、花園古墳群第三号墳や船玉古墳、虎塚古墳、吉田古墳、殿塚古墳などの多くの装飾古墳にみられる（図34）。また、最近の調査で、十王前横穴墓群第一一号墓に描かれている靭とされる文様は、靭と同じように矢を収納する胡簶《ころく》ではないかとする東京藝術大学大学院生の山崎頌平氏の指摘がある。

このほかの文様には、大刀などの武器類や連続した三角文や円文といった幾何学文様がある。虎塚古墳や十王前横穴墓群にみられる円文や三角文は、線刻と彩色を併用した技法で描かれて

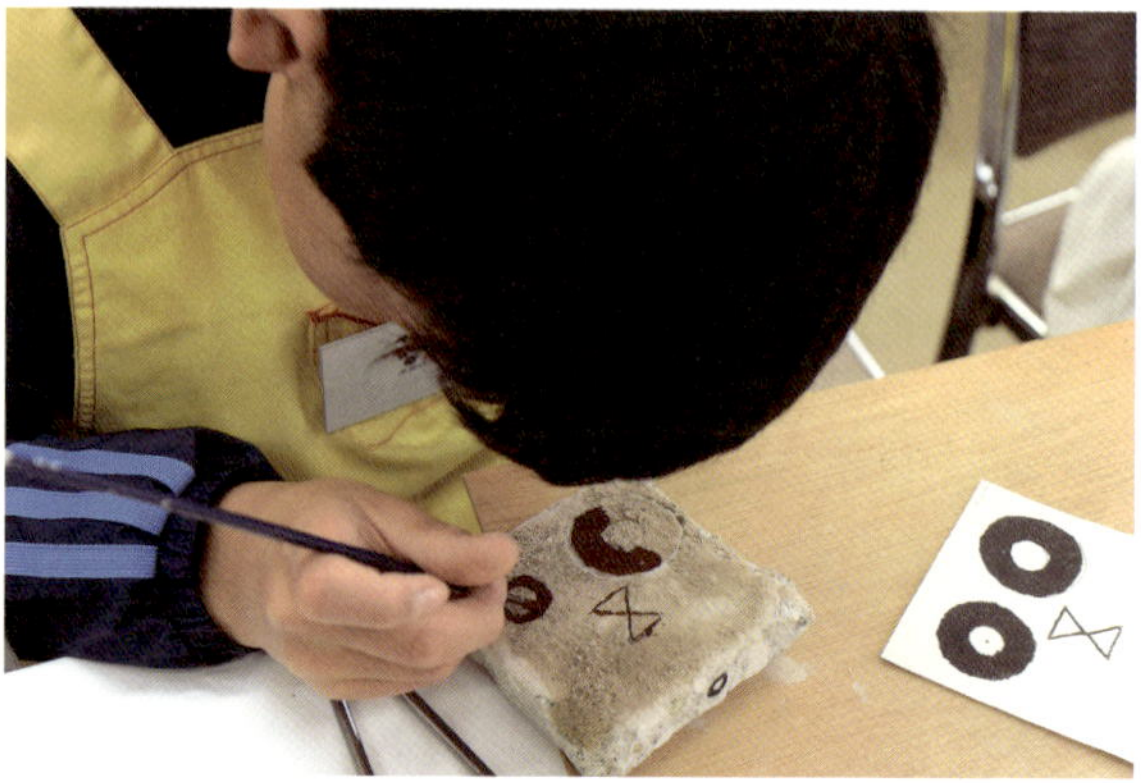

図33 ● 壁画づくりのワークショップ
凝灰岩の石版につくったベンガラで文様を描く。

いる。さらに福島県の装飾古墳でみられる「人物」を描いたものはない。

なお、装飾古墳ということで必ず話題になるのが九州との関係である。この点については第4章でみていくことにしよう。

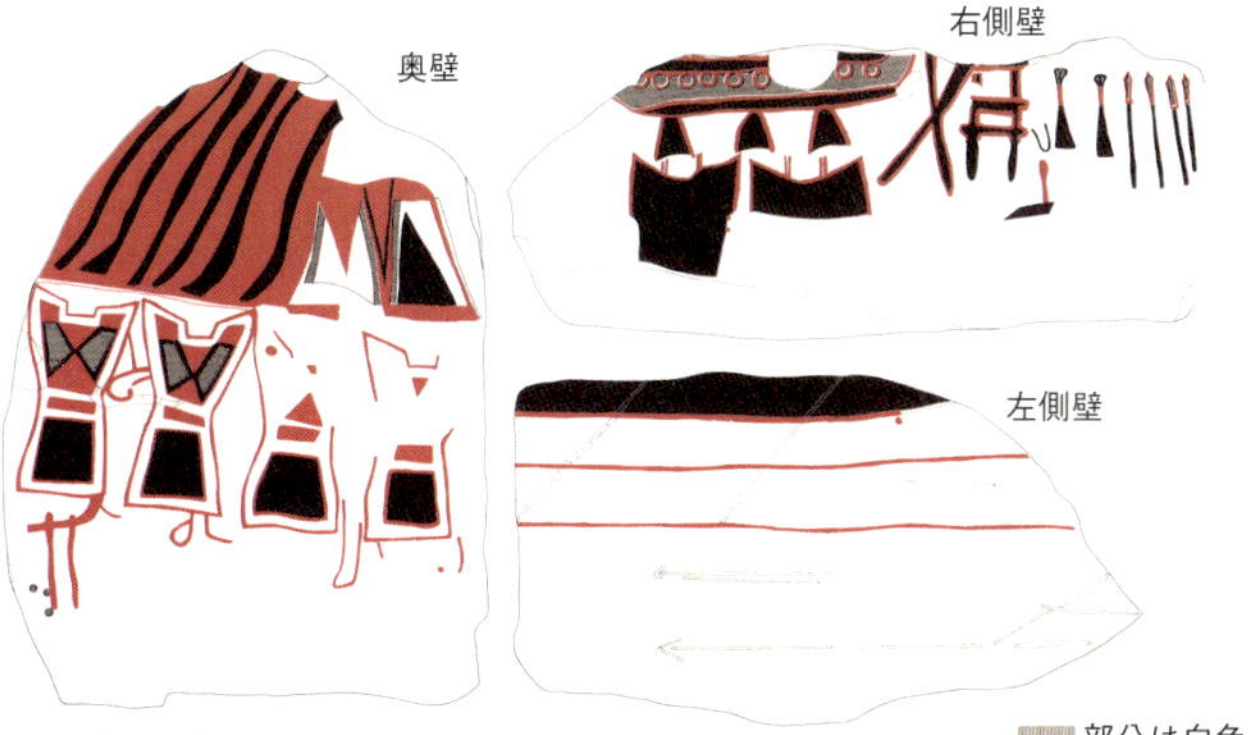

花園古墳群第３号墳

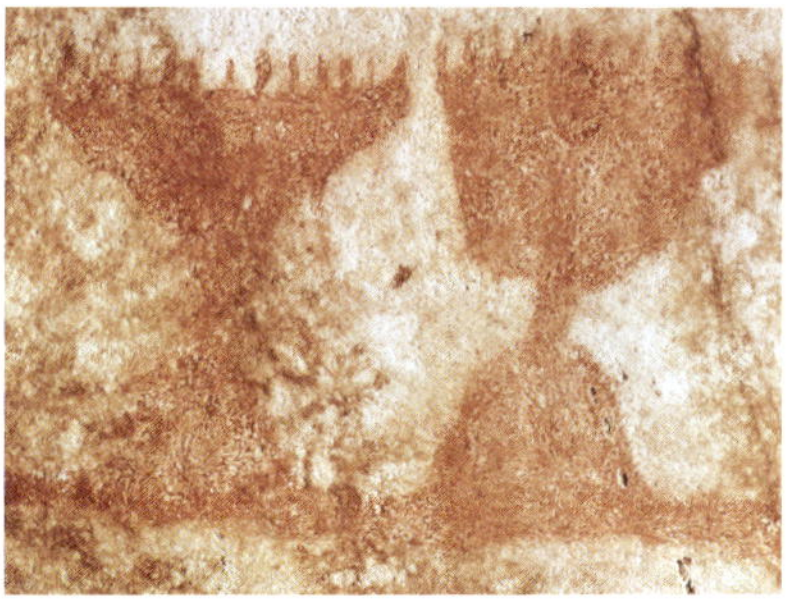
虎塚古墳

船玉古墳

吉田古墳

殿塚古墳

図34●常陸の装飾古墳に特徴的にみられる靫の文様
彩色のものと線刻によって描かれたものがある。文様上部にみられる棒状のものは、靫に納めた弓矢を表現している。

第3章　十五郎穴横穴墓群をさぐる

1　未開口横穴墓の発見

二〇一〇年一二月一〇日、私は、虎塚古墳のある台地から低地に降りる斜面部でトレンチを掘っていた。

この斜面部には、二つの谷をはさみながら左右に横穴が連なってある（図35）。十五郎穴横穴墓群（十五郎穴）とよばれ、古墳時代終末から平安時代にかけて台地の斜面に横穴を掘り、そこに亡くなった人を埋葬した墓である。

十五郎穴は、その位置から虎塚古墳と関係する遺跡といわれていたが、樹木に隠れてみえないものがあったり、埋もれているものもあり、詳細は不明のままだった。そのため横穴墓の範囲と数を確認するための調査をおこなっていたのだ。

虎塚古墳のある台地と小さな谷をはさんで南側の台地の斜面を掘っていたところ、地面に小さな穴が空いた。

穴のなかをのぞいてみると、横穴墓の入口、羨道の上部で、埋没せずに空間となっているようだった。石室の玄門は閉塞されていない。石室の内部を確認しようとしたが小さな穴からはみることができない。

コンパクトカメラなら穴のなかに入れられそうだと思い、七日後の一二月一七日、空いた穴にカメラを持った手を限界まで差し込み、見当をつけてシャッターを何枚も切った。撮影後すぐにカメラのモニターで写真をみると、玄室内に土砂の流れ込みは少なく、床面に頭蓋骨が多数あることが小さい画面でもすぐにわかった（**図36**）。未開口の横穴墓の発見だった。

昼休み、写真をパソコンの大きな画面で確認したくて、急いで食事をした。パソコンに映し出された画像では、さらにくわしい内部の状況を確認できた。何枚かの写真をみていたとき、細長い鉄のようなものがみえた。写真を拡大して、思わず声を上げた。

図35 ● 十五郎穴横穴墓群
崖面にたくさんの横穴墓が造られている。左側が館出支群、右側が発掘調査中の指渋支群。あいだに小さな谷がある。

「大刀がある」。パソコンをみていた私の手は興奮で震えていた。

午後に調査を再開し、なんとか実際に自分の目で大刀を確認したかったが、今回の調査は試掘だったので穴を広げることはできず、玄室内を直接みることはできなかった。

その後、市教育委員会と文化庁が協議した結果、遺物の保存の問題などから現状保存は難しいと判断され、翌二〇一一年四月から発掘調査することが決定した。

しかし、四月からの発掘調査の準備をしていた二〇一一年三月一一日、ひたちなか市を震度六弱の地震が襲った。東日本大震災である。当然ながら発掘調査は延期となった。こうして、自分の目で大刀をみることができたのは、その年の暮れになった。

2 十五郎穴の発掘調査

十五郎穴の由来

「十五郎穴」とは変わった名前と思われるかもしれない。これは地名ではなく、地元に伝わる昔話の登場人物「十郎・五郎」という二人の兄弟の名に由来する。「十郎・五郎」とは、鎌倉時代の

図36● 発見時の横穴墓内部の写真

頭蓋骨が写っていた（右）。画像を拡大すると、大刀がみえ、周辺には人骨や植物の白い根がみえた（左）。

曽我兄弟の仇討ちを素材にして江戸時代に歌舞伎で人気を博した『曽我物語』の主人公。

地元に伝わる物語では、「十郎・五郎」が父の仇討ちの後、追っ手を逃れて横穴墓に逃げ隠れていたということから「十五郎穴」と名前がついたという。ちなみに、虎塚古墳の「虎」は、十郎の妾《めかけ》とされる女性「虎御前」に由来する。

十五郎穴についての記述は、古くは江戸時代の一七六三年（宝暦一三）に水戸藩の郡奉行《こおりぶぎょう》で学者の久方蘭渓《ひさかたらんけい》が著した茨城県北部の地誌『松岡郡鑑』や、一八〇七年（文化四）ごろに水戸藩士で民政家の小宮山楓軒《ふうけん》が水戸藩領全域の地誌をまとめた書物『水府志料』に登場する。『水府志料』は十五郎穴について、「十郎岩屋」と題して紹介している。小宮山はその後も十五郎穴について「中根村石窟考」を著し、そのなかで十五郎穴を墓と考え、横穴墓の規模や被葬者像などにも言及している。「横穴」が「墓」であることが考古学界で認められるのは、一八九七年以降のことなので、江戸時代にすでに墓と考察していた小宮山は、その見識の高さがうかがえる。

地元の保存活動

明治時代になると一九〇八年（明治四一）年に、地元湊町《みなと》（後の那珂湊町、現・ひたちなか市）の湊商業学校長の職にあった大内義比《よしちか》が『考古界』に「常陸國那珂郡中根村に於ける横穴」を執筆するなど十五郎穴の研究が進んだが、一九二四年（大正一三）はじめ、石材採掘のため横穴墓の一部が破壊され、さらに採掘が続く事態が生じた。

この事態に対して、大内義比ら湊町の人たちが採掘反対の要望を提出し、採掘は中止となる。これを契機として一九二五年（大正一四）、十五郎穴を守るために「保旧会」が組織され、のちに郷土史家の井上義《よし》を会長とした「中根村史跡保存会」に発展する。

江戸時代の湊町は、奥州や北海道と江戸を結ぶ海上輸送の中継地として大いに栄えた。そのため、水戸藩と関係する史跡が多く残り、こうした史跡を保存し、あるいは顕彰しようとする活動が、湊町の商工業を営む人びとを主として明治時代後期から盛んな土地柄であったことが、十五郎穴保存にもつながったのであろう。

そして、この会の活動もあって、十五郎穴は一九四〇年（昭和一五）に茨城県指定史跡に認定される。当時茨城県史跡の調査委員で、文化財保護の活動もしていた笠間稲荷神社宮司の塙《はなわ》瑞比古《みずひこ》は、県指定史跡の認定に際し横穴墓の配置図を作成し、主要横穴墓の測量を実施した。この調査をふまえて、十五郎穴を「県下希にみる横穴群」で、多くの横穴墓の密集と個々の横穴墓が比較的に既往の破壊を免れていると評価し、指定の理由とした。

一九四二年（昭和一七）には、墳墓研究家の石井周作が横穴墓の測量調査を実施し、その著書『古墳研究』に約五〇頁もの論考を記し、十五郎穴の貴重な写真も掲載した。

発掘調査のはじまり

十五郎穴における本格的な調査は、一九五〇年に井上義らが未開口の横穴墓を発掘したのが最初となる（館出《たてだし》支群I区第三二号墓）。この調査では、玄室内から大刀一口、釘三六点、把手状金具四点、羨道部から須恵器四〇点が出土している。また、翌年一九五一年にも未開口の墓（館出支群Ⅰ区第三三号墓）を調査し、玄室内から火葬骨、刀子二口、鉄鏃三十数点、鉄釘数点、羨道部から須恵器四九点が出土している。本章冒頭でふれた、私が発見した未開口の横穴墓は、これら二つの横穴墓のすぐ隣に位置している。

また一九七六年から一九八〇年には、勝田市と明治大学が一一九基の横穴墓を調査している（指《さ》渋《しぶ》支群、**図37**）。

こうした成果をふまえて、ひたちなか市は十五郎穴の国指定史跡を目指したが、そのためには横穴墓の分布範囲や数の確定のほか、最古の横穴墓や築造の展開過程、そして虎塚古墳との関わりの解明などいくつかの課題があった。

その解決方法を探るべく、市は二〇〇七年度から確認調査に着手し、これに続けて二〇〇八年度より分布調査および地形測量を開始し、その成果をもとに二〇一〇年度から分布範囲および数を確定するための調査を実施していくこととなった。

この調査は二〇一四年度まで継続され、十五郎穴について多くの成果を得ることができたのである。

図37 ● 1978年の市と明治大学による調査
上下に数段の横穴墓が配置されていることがわかる。

3　東日本最大級の横穴墓群

横穴墓の分布・基数・配置

十五郎穴は、那珂川水系中丸川支流の本郷川に沿った台地の斜面に約一キロにわたって構築されている。地形的に深い谷津を境として指渋・館出支群と笠谷支群の二つに分かれ、さらに小さな谷津により指渋支群と館出支群が分かれて計三つの支群で構成されている（図38）。

確認できた横穴墓の数は二七四基。支群ごとにみると、指渋支群が一二二基、館出支群が九七基、笠谷支群が五五基となる。だが、確認した横穴墓以外に埋没しているものが多数存在していることが予想される。横穴墓の分布や配置が判明している指渋支群の調査成果をもとに推計すると、その数は五〇〇基以上となる。

東日本で確認されている大規模な横穴墓群には、福島県双葉町の清戸迫《きよとさく》横穴墓群と埼玉県吉見町の吉見百穴《よしみひゃっけつ》がある。確認されている横穴墓の基数は、清戸迫横穴墓群が三一八基、吉見百穴が二一九基。

清戸迫横穴墓群は、枝状に分かれた谷筋ごとに三〇群の支群があり、また確認されている以外に多数の横穴墓が埋没していると考えられており、五〇〇基を超える東日本最大級の横穴墓群と思われる。よって、十五郎穴も清戸迫横穴墓群とならんで東日本最大級の横穴墓群といえる。

一部しかトレンチ調査をおこなっていないため、正確な横穴墓の配置はわからないが、調査からは、横穴墓が谷と谷のあいだに突出した台地（先端部）の凝灰岩層に構築される傾向をつかむことができた。また、横穴墓は東・南・西に面した斜面を選んでおり、北面した場所には造られていない。このことから横穴墓は、那珂川河口部（または海）の方向を臨んで、あるいは河口部からの視線を意識して造営されたと考えることができる。

横穴墓の形態

十五郎穴の横穴墓は、墓前域・羨門・羨道・玄門・玄室で構成されている（図39）。

確認できた玄室形態は、平面が矩形または長方形で、玄門側からみるとアーチ形、横からみると半円形をしたものが多くみられる。また、特異な形態として、壁と天井との境に軒線をあらわしたように弱い段をつくった家形ドーム形や家形アーチ形、テントのように四角錐形のもの、天井部が平らなものがある（図40・41）。

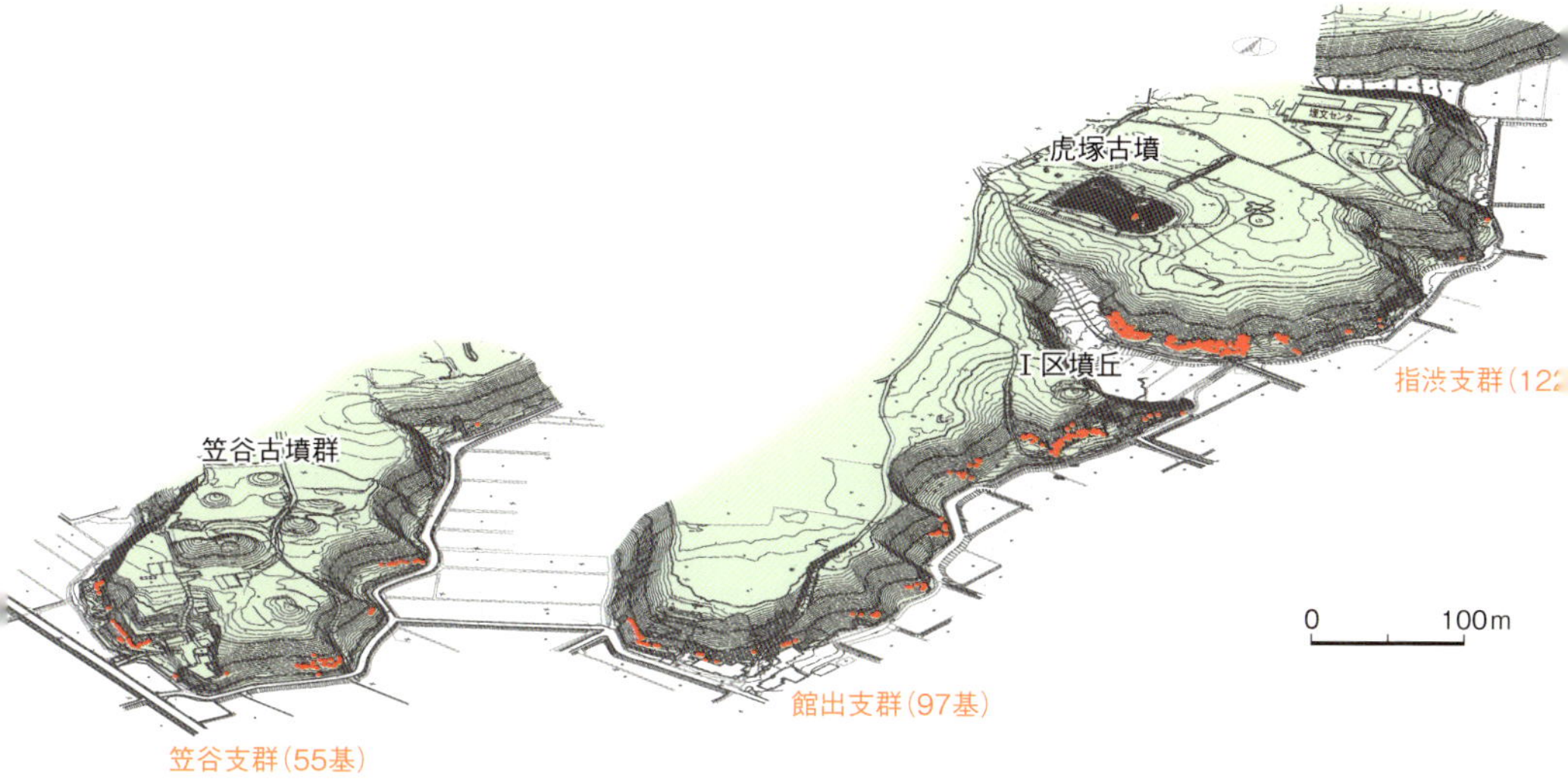

図38 ● 十五郎穴横穴墓群の分布
斜面部の赤色部分が横穴墓を確認した場所。
北に面した斜面部に横穴墓は確認できない。

横穴墓の時期

十五郎穴から出土している遺物の時期は、七世紀中ごろのものがもっとも古く、八世紀が大半で、もっとも新しいものが九世紀前葉である。七世紀代の遺物を出土した横穴墓が四基、八世紀代が二〇基、九世紀代が一基である。

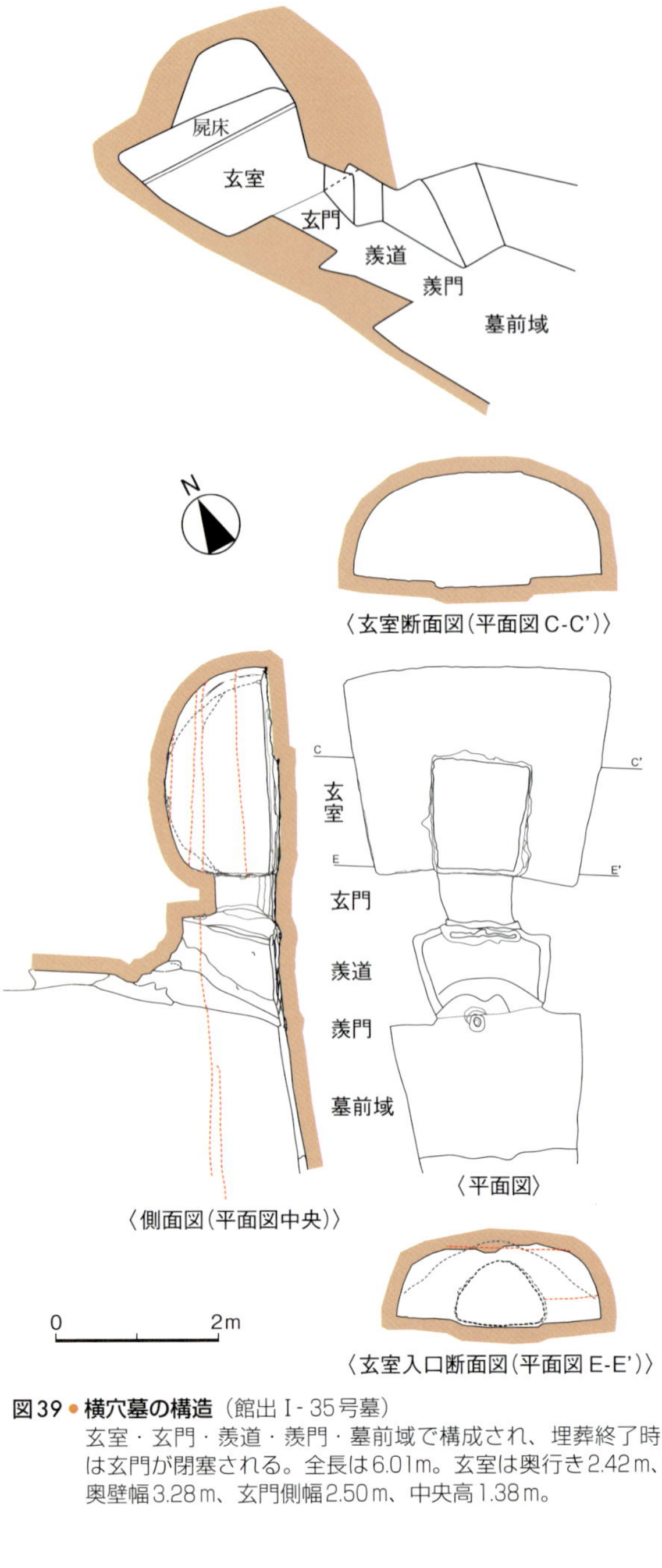

図39 ● 横穴墓の構造（館出 I - 35号墓）
玄室・玄門・羨道・羨門・墓前域で構成され、埋葬終了時は玄門が閉塞される。全長は6.01m。玄室は奥行き2.42m、奥壁幅3.28m、玄門側幅2.50m、中央高1.38m。

POST CARD

恐れいりますが
切手をお貼り
ください

113-0033

東京都文京区本郷
2-5-12
新泉社

読者カード係 行

ふりがな		年齢	歳
お名前		性別	女 ・ 男
		職業	
ご住所	〒 都道府県 区市郡		
お電話番号	− −		

◉アンケートにご協力ください

・ご購入書籍名

・本書を何でお知りになりましたか

□書　店　□知人からの紹介　□その他（　　　　　　　　　　　　　）

□広告・書評（新聞・雑誌名：　　　　　　　　　　　　　　　　　　）

・本書のご購入先　□書　店　□インターネット　□その他

（書店名等：　　　　　　　　　　　　　　　　　　　　　　　　　　）

・本書の感想をお聞かせください

＊ご協力ありがとうございました。このカードの情報は出版企画の参考資料、また小社からの新刊案内等の目的以外には一切使用いたしません。

◉ご注文書（小社より直送する場合は送料1回290円がかかります）

書　名	冊　数

一方、横穴墓の玄室形態からみた場合、床面に「コの字形」屍床があるものや、玄室の天井が平坦なもの、立面形が家形や四角錐形のものを初現期の玄室形態とすると、他地域の横穴墓との比較から、それらを七世紀前葉（または前半）と考えることができる。また、単独葬または改葬墓とされる小型の横穴墓についても、七世紀後半から八世紀初頭ごろに出現するものとした。

このように遺物と玄室形態では時期にズレがありながら、全体として七世紀前葉から九世紀前葉となる。この時期は、常陸における横穴墓の導入期から終末期までの時期とほぼ重なる。

横穴墓の展開

十五郎穴では、初現期とした横穴墓が一つの支群に集中することなく、それぞれの支群に分布し、各支群において台地の先端部という目立つ場所に位置している（図41）。このことから十五郎穴では、一つの地点から横穴墓が周囲に広がっていったのではなく、それぞれの支群でほぼ同じ時期に墓の造営がはじまり、広がっていったと考えられる。また、さまざまな形態の横穴墓が導入されたことから、墓の造営に多くの集団がかかわっていたことが想定できる。その背景は後述しよう。

図40●家形ドーム形の天井（指渋Ⅵ-81号墓）
壁と天井との境に弱い段を設けて、軒線を表現している。
床面には奥壁に沿って一段高い屍床がある。

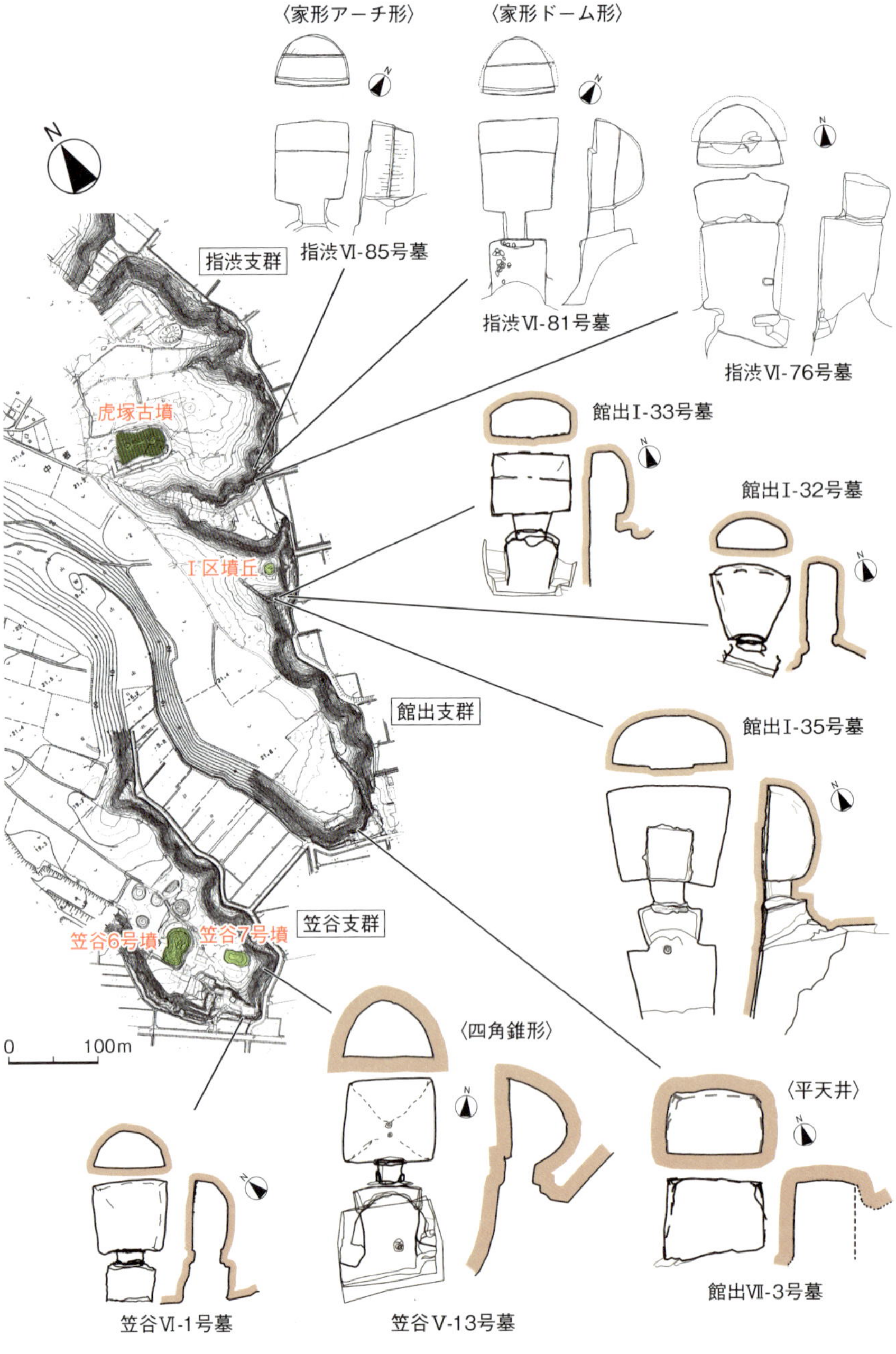

図41 ● 初現期の横穴墓の位置と構造
初期に造られた横穴墓は、半島状に突きでた台地先端部と小さな台地突出部に位置する。一つの支群に集中しない。

横穴墓に関連する墳丘の存在

館出支群Ⅰ区横穴墓の上の台地縁辺部には、円墳状の高まりがあり、今回の調査前は虎塚古墳群の一古墳として第二号墳と称されていた（図42）。しかし、横穴墓群ではすぐ直上に墳丘がある例が多く、当墳丘もその可能性が指摘されていた。そのためこの墳丘の調査も実施した。

墳丘を十字に掘り下げ、また墳丘の裾各所に試掘坑を入れて墳丘の状況や埋葬施設を確認した結果、墳丘は地面を整地したうえに地山のローム土を盛った人為的な高まりであることや、埋葬施設がないことを確認した。また、台地縁辺部の横穴墓が構築された斜面部に寄せて造られていることや低い墳丘であることなどが、横穴墓と関連する墳丘とされる福島県矢吹町の弘法山古墳群第一号墳と類似していることが判明した（図43）。

つまり、この墳丘は十五郎穴の館出支群Ⅰ区の象徴としての墳丘の可能性が高く、横穴墓に関連する墳丘であると確認した。

以上、十五郎穴全般の特徴をみてきた。次節では、先述の未開口の状態で埋没していた館出支群Ⅰ区第三五号墓（館出Ⅰ－三五号墓）の発掘調査の成果から、十五郎穴をくわしくみていこう。

図42 ● Ⅰ区墳丘
直径16.6m、高さ3.16mの円墳状。写真奥は斜面で横穴墓が分布する。以前は虎塚古墳群の一古墳と考えられていた。

図43 ● 福島県矢吹町の弘法山古墳群第1号墳
矢印下が墳丘。調査によって墳丘の土が除去され、一部しか写っていない。墳丘下の斜面部に横穴墓が分布する。

4　構造・儀礼・副葬品

横穴墓の構造

館出Ⅰ－三五号墓は墓前域、羨門、羨道、玄門、玄室からなる全長六・〇一メートルの十五郎穴最大の墓である（図39参照）。

玄室の床面は逆台形だが、奥壁と前壁は平行ではないためやや歪んだ形をしている。床面には入口から奥へ約一メートルの部分を九センチほど掘りくぼめて、奥壁・左右壁前の三方で「コの字形」の屍床を造りだしている（図44）。十五郎穴でこのような床面構造はほかに確認されておらず、特異な構造だ。立面形は家形を意識したもので、家形の特徴となる削りだした軒線の表現はないが、凝灰岩の茶色の堆積層があたかも軒線のようにみえる仕掛けがある。天井形はドーム形である。

玄室への入口部分となる玄門部は、下膨らみのアーチ形である（図45）。玄門部前には、凝灰岩の切石が置かれていたが、大きさから玄門部すべてを閉塞できるものではない。館出Ⅰ－三五号墓ではこの石以外に閉塞に使用された石材は出土していない。玄室の閉塞には木製の板を使用したと思われる例が多数あるので、館出Ⅰ－三五号墓でも木製板を使用し、その板を押さえるために凝灰岩の切石が用いられたと想定している。

図44●「コの字形」の屍床
床面の中央がくぼみ、奥壁・左右壁前の三方を高くして設けている。壁と天井との境には、茶色の地層があり、あたかも軒線のようにみえる。

玄室前の羨道部と墓前域も逆台形である。羨道部と墓前域に堆積した土層を確認すると、最下層の土層の上面には焼土や炭化物がみられた。羨道部で「火」を用いた痕跡や炭化物が確認される例が多数あり、「火」を用いた儀礼の痕跡の可能性が指摘されている。虎塚古墳の石室前や周辺でも焼土や炭化物が確認されており、それとの関連もうかがえる。

儀礼の痕跡

遺物は墓前域と羨道部、玄室から出土した。羨道部と墓前域からは、須恵器五七個体と砥石一点が出土した。須恵器は、墓前域の北西隅と羨道部の西側および東側の三地点にまとまっている。そのほかに土器片が羨道部と墓前域の中央に点在する。出土位置や時期の分析から、これらの須恵器は複数回の葬送儀礼で使用されたものの集積ではなく、八世紀第4四半期ごろにおこなわれたなんらかの儀礼で用いられたものと判断した。

須恵器の接合関係では、三地点のまとまりのものと墓前域南端で出土したものとが接合したことから、儀礼終了後に墓前域南端に一度集め、その後、墓前域の北西隅と羨道部の両側に片づけた行為があったと考えられる。当時の儀礼の一端を垣間見ることができた。

図45 ● アーチ形の玄門部
玄門部の前の羨道部両側と、さらに手前の墓前域北西隅からは57個体の須恵器が出土した。羨道部中央には閉塞に使われた凝灰岩の切石が置かれている。

副葬品

玄室内は、覆土の流入が玄室の入口部分で止まったため、ほぼ埋葬時の状態を保っていた（**図46**）。

玄室内からの出土遺物は、須恵器一点、大刀一口、刀子五口、鉄鏃一九点、不明鉄製品一点、鉄釘一八一片、人骨などである。

遺物の分布は、大刀や刀子が玄室東側、鉄鏃が東側と中央部のくぼみ部分、須恵器が西側、鉄釘が東側と西側、人骨が中央部から西側と、遺物の種類によってやや偏りがみられる。遺物の時期は、須恵器が九世紀前葉ごろ、大刀が八世紀中葉ごろと推定した。

大刀は蕨手刀《わらびて》という刀で、常陸では二例目の出土となる。蕨手刀とは、刀をもつ部分が植物の蕨の形に似ていることから名づけられたもので、館出I－三五号墓では鞘に収められた状態で出土した（**図47**）。

残存状況はよく、縁金物や鐔《つば》、鞘口金具、足金物、責金具、鞘尻金具がそろっていた。材質は刀身が鉄製で、責金具と鞘尻金具も鉄製、縁金物・鐔・鞘口金具・足金物は銅製である（**図48**）。鞘部の一部に木質が残存しているが、木の種類はわからない。

図46 ● 玄室調査開始時の様子
中央に多数の人骨、右奥に大刀や刀子、左手前には土器がみえる。

刀子は五口出土しており、その内の一つは金銅製の鎺《はばき》と帯執《おびとり》金具、鞘尻金具が付属する非常に豪華な刀子である（図49）。刃部と茎《なかご》部の一部には木質がみられる。帯から提げる際に使用する帯執金具は、山形金に鐶をつけた形式である。鞘尻金具は遊離し別の地点から出土したが、造りの精巧さからこの刀子のものと考えられる。

このような拵《こしらえ》のそろった状態の刀子は出土例がなく、唯一、正倉院御物に類例が認められるのみだ。この豪華な刀子の出土からは、その所有者が中央との深い関わりのある人物や、中央に対して大きな貢献を果たした人物であると想定できる。

なお、出土した大刀と刀子について、奈良国立文化財研究所と地元企業の日立製作所に依頼し、X線CT撮影調査をおこなった（図50）。大刀と刀子の縦・横方向の断層画像や三次元画像、透過画像、素材別の画像といったさまざまな情報を得ることができた。また、解析により大刀と刀子のサビなどの付着物をとり除いた本来の形状が明らかになるとともに、刀身の残

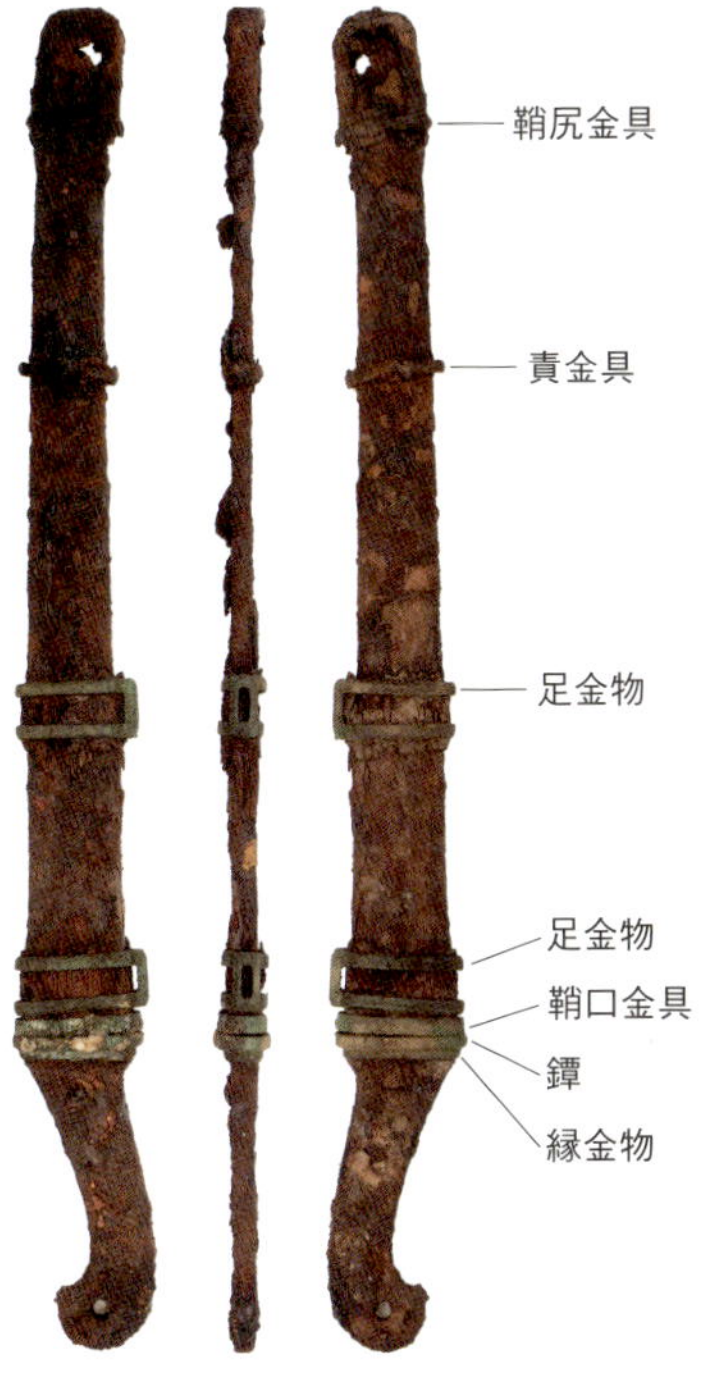

図48 ● 大刀
全長51.8cm、重さ879g。緑色にさびた部分が銅製の金具。

図47 ● 大刀と刀子の出土状況

存状況や製作技法なども判明した。

　大刀については、帯から提げる際に使用する足金物は台状双脚が、X線CT撮影の分析により台と鐶の接合に「鋲留め」を用い、鋲は直径約三ミリ、長さ約四ミリであることが判明している（図51上）。

　また、画像は三次元データとなるため、映像資料として鑑賞したり、三Dプリンタなどでレプリカを制作したりする際にも活用できる（図51下）。このように、地元の企業と連携して調査できたことは、調査成果と同様に喜ばしい出来事であった。

　鉄鏃は一九点あると考えられる。鏃身部の形態は腸抉《わたぐり》のある長三角形（図52①②）が主体で、五角形（図52③）のものもある。完形品は二点の

図49 ● 豪華な刀子
金銅製の金具が付属する。全長24.6㎝。

図50 ● 大刀の透過画像
X線CTによる。刀身の状況がよくわかる。

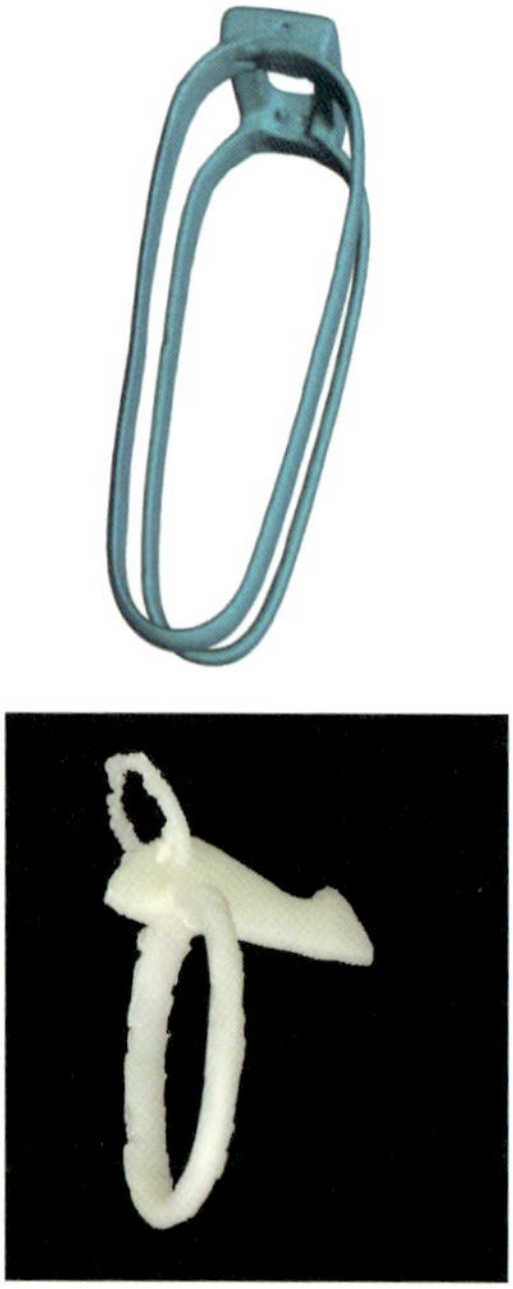

図51 ● 映像とレプリカ
上：画像解析により、大刀の足金物を刀身から外して観察できる。
下：刀子の帯執金具のレプリカ例。

み。これらの鉄鏃は、八世紀から一〇世紀前半ごろに各地で多くみられるものである。

鉄釘は一八一片が出土した（**図53**）。大型で鋲状のものと、小型で釘状のものの大きく二つの形状の釘がある。また、大型のものは、打ち込む容器の内側で突出部分を折り曲げ、容器内面に密着させたものと折り曲げない直線のものとがある。

釘の表面には、木材などがサビによって固定されており、その観察から得られる情報をもとに、釘が打ち込まれていた木製品を復元することが可能となる。この分析を奈良県立橿原考古学研究所の岡林孝作氏に依頼したところ、**図53右**のような容器（唐櫃《からびつ》）が二個あったと指摘された。この容器の用途が人骨を納めたのか副葬品を納めたのか判断はできないが、横穴墓においてこのような容器の存在を指摘できたのははじめての事例である。

埋葬の様子

人骨は、全身骨格がそろった状態で出土したものはなかった（**図54**）。これは、遺体を埋葬後、時を置いて骨を動かす行為があった可能性が考えられる。また、

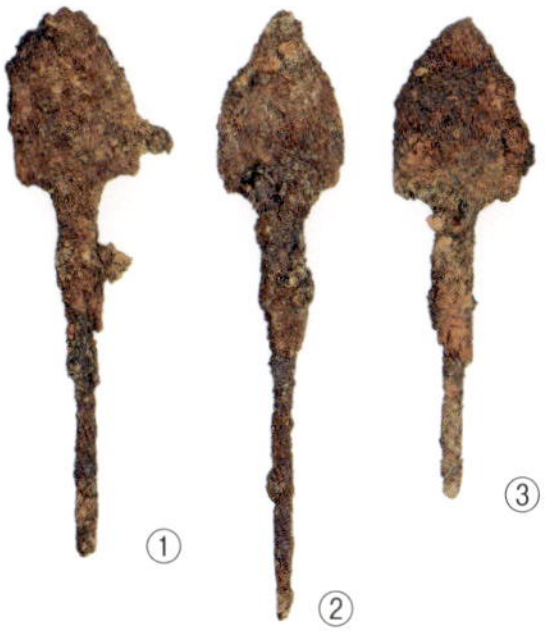

図52 ● 鉄鏃
完形品の全長は12～13cm。

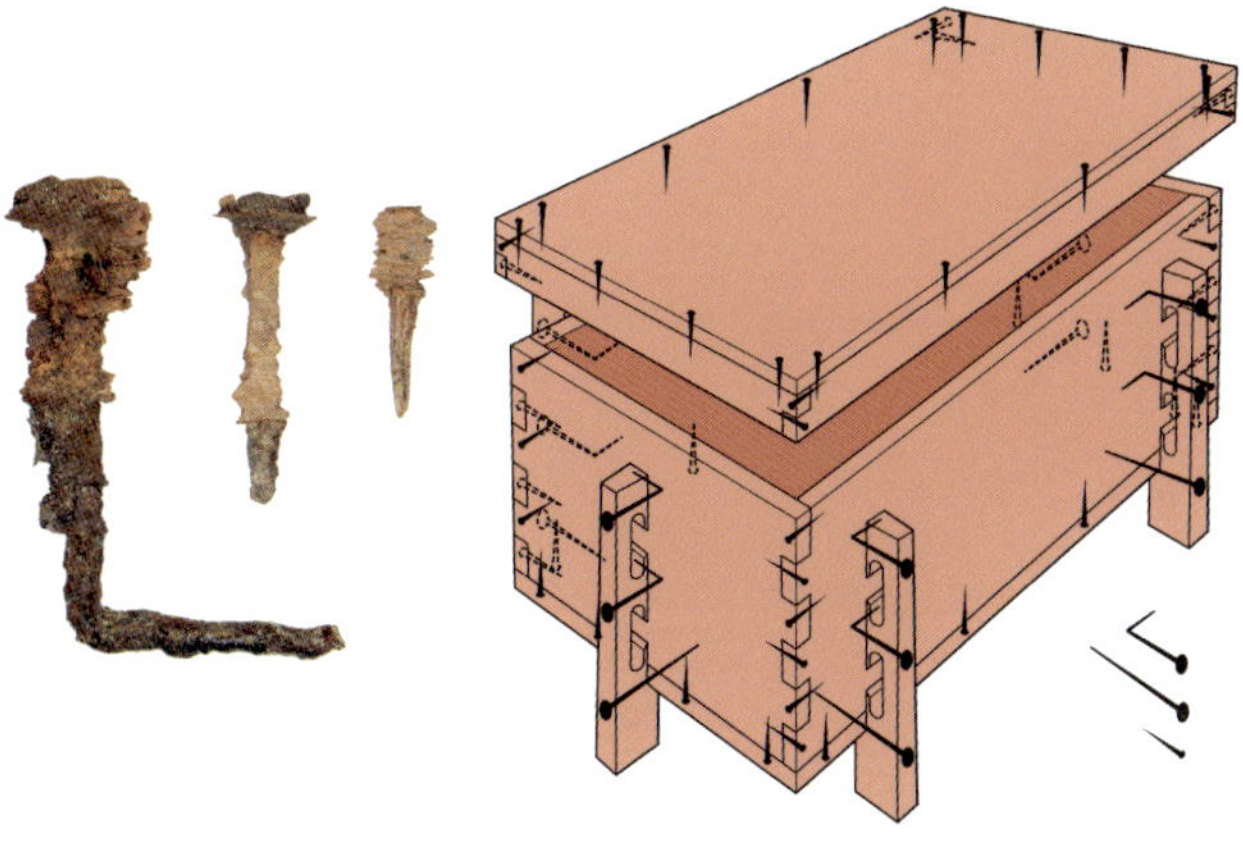

図53 ● 出土した鉄釘とそこから復元した容器

出土状況からは、すべての人骨が一時期に埋葬されたのではなく、出土遺物の年代から八世紀後葉から九世紀前半のあいだに、少なくとも二回以上の埋葬があったと推定した。

　九州大学に依頼した形質学的分析では、一〇体分の人骨が埋葬されていることが判明した。また、一〇体のうち、三体は未成人であることや男性と女性がいることもわかった。

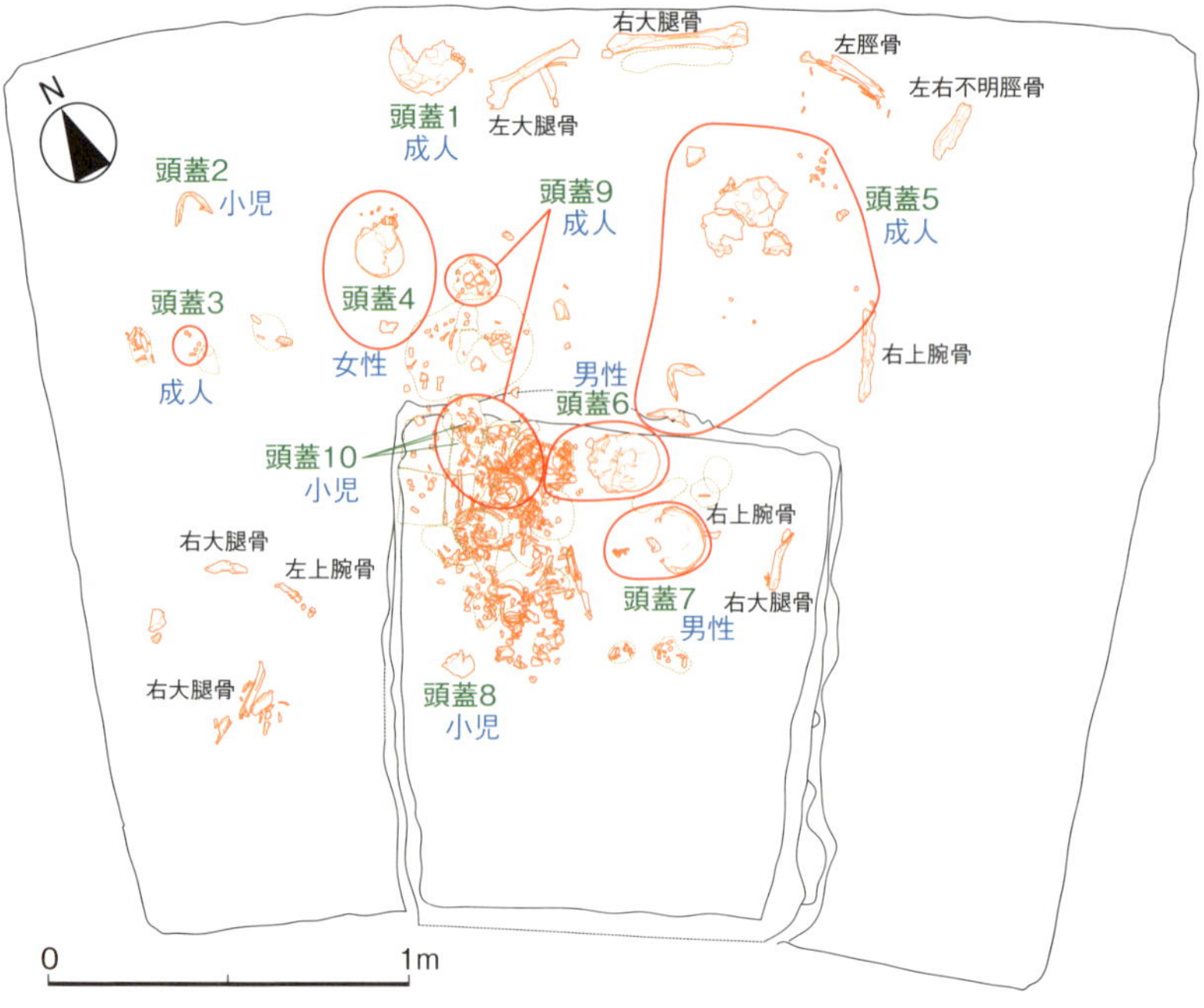

図54 ● 人骨の出土状態
全身骨格がそろった人骨がなく、頭蓋骨10体分を確認した。頭蓋骨の分析では、成人と小児、男性と女性が埋葬されていることがわかった。上は調査時の写真。人骨のDNA分析のためマスクや手袋をして作業している。

北里大学に依頼したDNA分析では、三つの違う母系があることを確認できた。また、食性分析では、陸生資源だけではなく、淡水魚類や海産物といった多様な食物資源を摂取していたことも判明した。これらの人びとがどのような人物だったのかは、後で考察しよう。

5　横穴墓の再利用

横穴墓の構造と出土遺物の時期のちがい

以上のように、館出I－三五号墓の調査は、十五郎穴を解明するうえで重要な成果を得ることができた。と同時に課題もみえてきた。その一つが横穴墓の構造からみた時期と出土遺物からみた時期の相違である。

館出I－三五号墓では、八世紀第4四半期から九世紀前葉の遺物が出土しているが、玄室形態から推測した時期は七世紀前葉であり、時期が一致しない。この時期差については、館出I－三五号墓だけでなく、ほかの古墳や横穴墓でも形態や土器以外の副葬品から造墓が七世紀前半代と考えられる墳墓で、出土する土器が七世紀後葉から八世紀前半の年代に収まる例が多いことが指摘されている。この要因について、墓の再利用という視点から考えてみたい。

常陸の古墳で再利用が考えられる例として、水戸市のニガサワ古墳群第一号墳と常陸大宮市の赤岩遺跡第一号墳をあげよう（図55）。

ニガサワ古墳群第一号墳は水戸市藤井町にあり、直径約三六メートル、残存高約一・三メートルの円墳である。埋葬施設は切石組の横穴式石室で、全長約四・八メートル、最大幅一・五七メートルである。土器は、横穴式石室の墓道とそれに連結する周溝から出土している。

これらの土器の年代については、七世紀後半、七世紀末〜八世紀前葉、八世紀中葉〜後半、九世紀後半の四つの時期があることを、元水戸市教育委員会の渥美賢吾氏は指摘している。この四つの時期の器種を比較すると、注器重視の傾向から供膳器重視の傾向に変化しており、古墳時代様式から古代様式への著しい変化がみられると分析している。

そして、これらの土器組成から、祭祀をおこなった人びとの古墳の墳丘もしくは埋葬施設に対してもっている心性は、明らかにかつて古墳を造営した人びとがもっていた心性とは異なるものが宿っていたとし、これらの土器群は死者を新たに埋葬する追葬行為なのではなく、先祖を敬う祖霊祭祀である可能性が高いと指摘している。

この四つの時期のなかで、八世紀中葉〜後半としたものには、須恵器の有台杯《つき》や蓋、有台盤《ばん》、高盤、円面硯《えんめんけん》があり、円面硯を除くと館出Ⅰ−三五号墓と似た器種組成となる。

赤岩遺跡第一号墳は常陸大宮市三美にあり、古墳の盛土は失われているが、周溝から推定して直径約一六・五メートルの円墳である。埋葬施設は横穴式石室だが、石材が抜きとられているため詳細は不明である。

横穴式石室の墓道とそれに連結する周溝から出土した土器の年代は、七世紀後半、八世紀第1四半期、八世紀第2四半期、八世紀第3四半期の四つの時期が存在する。その出土状況や時期による器種構成がニガサワ古墳群第一号墳に類似しているのである。また、古墳の立地も、ニガサワ古墳群第一号墳の東側を流れる那珂川の上流に位置していることから、ニガサワ古墳群第一号墳と同じ時期に、同じような祭祀がおこなわれたものと考えられる。

　これらのほかにも、つくば市の平沢古墳群第三号墳や笠間市の箱田《はこだ》宮後古墳群四所《ししょ》神社内第一号墳、筑西市の山ノ入古墳群第二・三・七号墳なども同様の出土傾向をしており、平沢古墳群第三号墳では骨蔵器が埋設されていたことから、追葬行為が確認できる。このように古墳の造墓自体はおそらく七世紀後半に終わりを迎えるが、古墳を再利用するという行為は、八世紀以降も追葬行為または祖霊祭祀といった儀礼などが継続していたと考えられる。

　このような古墳の再利用とは、どういうことなのか。このことについて、畿内の古墳を対象とした関西大学非常勤講師の渡邊邦雄氏の研究成果がある。

　渡邊氏は、古墳の再利用の祭祀において、八世紀前半、八世紀後半〜九世紀前半、九世紀後半〜一〇世紀初頭の三つの画期を設定している。八世紀前半については畿内における古墳終焉

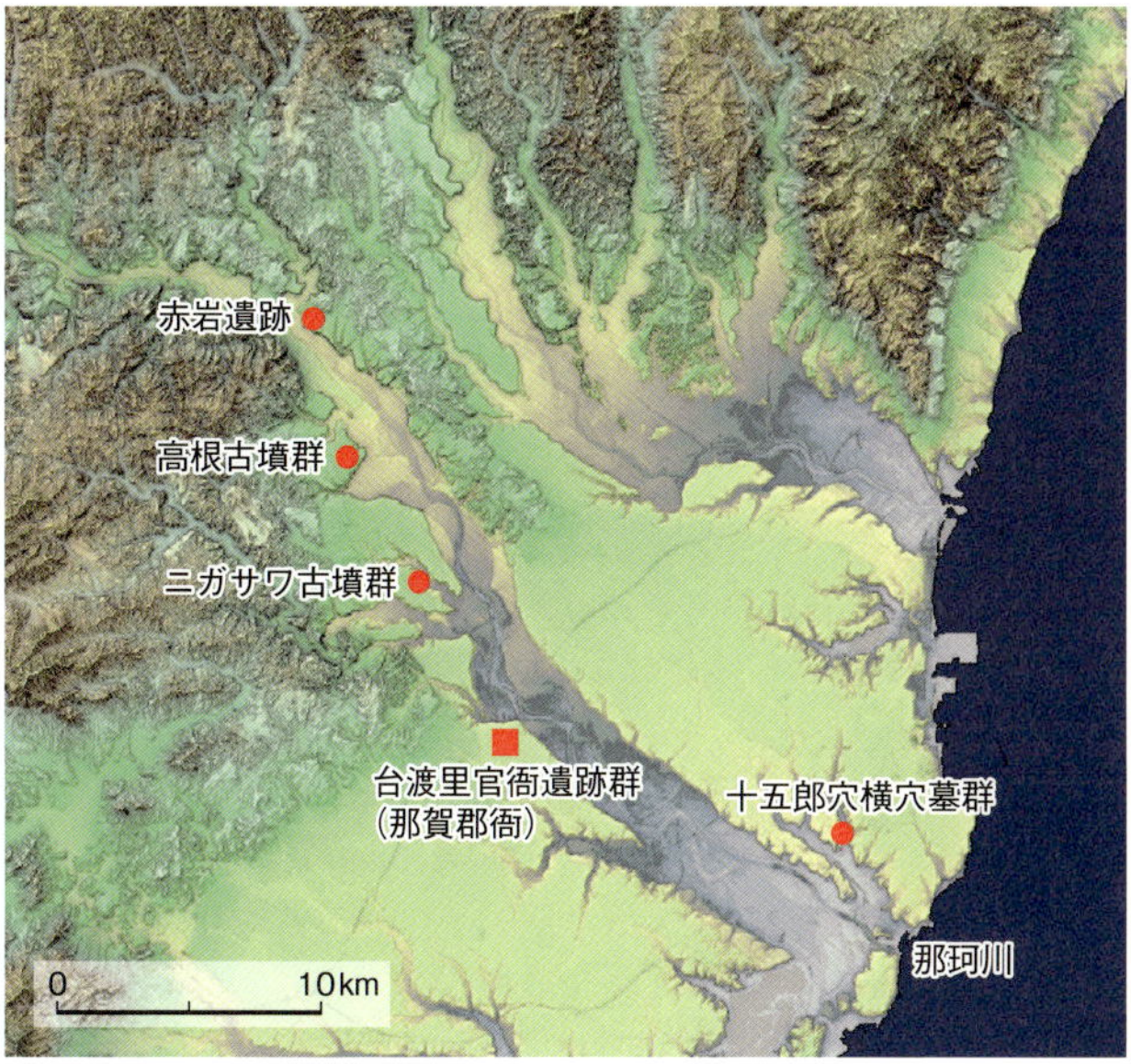

図55 ● 那珂川流域の墳墓再利用関連の遺跡
那賀郡衙をはさんで那珂川流域に分布する。高根古墳群からは蕨手刀が出土しており、この大刀も古墳の再利用にともなう可能性がある。

の一形態としてとらえ、律令国家による造墓規制のなかでの氏族独自の墓域主張にともなう現象、八世紀後半〜九世紀前半については桓武天皇による「延暦十年の改革」（七九一年、天皇の地位の正統性を主張することを目的に、もともと祖先祭祀は自分から遠い神話的始祖のみを神として祀るものを、現実に近い祖先だけを祀る国家的祭祀が成立した）にもとづき、各氏族が出自の再確認や系譜を主張するために古墳を墳墓として再利用または祖霊祭祀をおこなったもの、九世紀後半〜一〇世紀初頭については近親祖先墓の再興を図った藤原良房《よしふさ》の政策と歩調を合わせた新興勢力の存在を示唆する現象、と位置づけている。

渡邊氏が分析対象とした畿内の古墳にかぎらず、ニガサワ古墳群第一号墳や赤岩遺跡第一号墳で出土した土器も、いずれかの画期に連動しているものと考えられる。

館出Ⅰ－三五号墓の出土遺物の時期は、渡邊氏の八世紀後半〜九世紀前半の画期に該当し、土器の器種構成は供膳器中心の構成である。ニガサワ古墳群第一号墳や赤岩遺跡第一号墳と同じ那賀郡に属する館出Ⅰ－三五号墓においても、七世紀前半に造られた横穴墓を八世紀以降に再利用したことが推測される。その意義については、渡邊氏が指摘しているように、当地域の氏族が出自の再確認や系譜を主張するために再利用したものと推測する。

6　古墳と横穴墓の関係

最後に台地上の古墳との関連について考えておこう。十五郎穴の台地上には、虎塚古墳群と笠谷古墳群が存在しており、以前から横穴墓との関係が指摘されていた（図41参照）。

十五郎穴の確認調査をもとに検討した結果、指渋支群では虎塚古墳の築造とそれほど変わらない時期に横穴墓の造営がはじまり、出土遺物では虎塚四号墳よりも古い須恵器が出土したことから、台地上で墳丘を有する古墳が造営されている期間に、台地斜面部では確実に横穴墓も造られていたことが明らかとなった。

このことから、七世紀になって新たな場所に古墳を造営し、当該地域の覇権を確立した新興の有力首長の墓と考えられる虎塚古墳と密接な関係をもち、虎塚古墳と同様に新たな墓制として横穴墓をこの地に採用した集団の存在がうかがえるのである。同じように笠谷古墳群と笠谷支群の関係では、虎塚古墳出現以前の在地の有力首長墓と考えられる第六号墳を造った集団が、七世紀になって新たな墓制として横穴墓を採用したものと推測できる。

こうして十五郎穴の様相が明らかとなってきた。しかし、確認できた横穴墓は全体の一部であり、未確認の横穴墓が多数埋没していることから、まだ遺跡の全体像を把握したとはいえない。今後も横穴墓の確認調査や発掘調査を継続することによって、十五郎穴のより正確な全体像をつかむことが課題となる。

そうした点で不十分であるが、次章では、虎塚古墳や十五郎穴を造営したのはどのような人びとだったのか、太平洋岸の古墳群も検討しながらみていくことにしよう。

第4章　海でつながる文化

1　那珂川下流域の古墳

那珂川下流域左岸の古墳

以上みてきた虎塚古墳と十五郎穴は、地域においてどのような遺跡なのか。それをより理解するために、両遺跡が位置する那珂川下流域の地域社会について検討しよう。本節では、那珂川下流域左岸のひたちなか市の古墳についてみていく。

現在、ひたちなか市内で確認している古墳・古墳群は四五カ所あり、その数は一三四基になる。過去の文献などに載っていていまは消滅した古墳の数も合わせると合計二五五基となる。

その分布は、内陸部には少なく、大半が太平洋岸と那珂川・中丸川流域にある（図3参照）。古墳がもっとも集中する地域は太平洋岸で、消滅したものも含めると一二四基の古墳を確認している。前方後円墳は太平洋岸には少なく、那珂川・中丸川流域に集中する。

発掘調査を実施していない古墳が多いため正確な時期を確定できないが、未調査の古墳の時期については墳形や埴輪の有無、埋葬施設の構造などから推定すると、那珂川下流域左岸の古墳の変遷は**図56**のようになる。

現時点でもっとも古い古墳は、太平洋岸にある三ツ塚古墳群の第一二号墳と第一三号墳で、五世紀前葉の時期と推定した。ただし、那珂川河口から二キロほどさかのぼった左岸にある前方後円墳の寺前古墳は、その立地や墳形などから四世紀代の古墳の可能性がある。

五世紀後半には太平洋岸に、市域最大規模の全長約八一メートルを誇る前方後円墳、川子塚《かごづか》古墳が出現し、そのほかに磯崎東古墳群の第三〇号墳や入道《にゅうどう》古墳群の第一号墳が造られる。

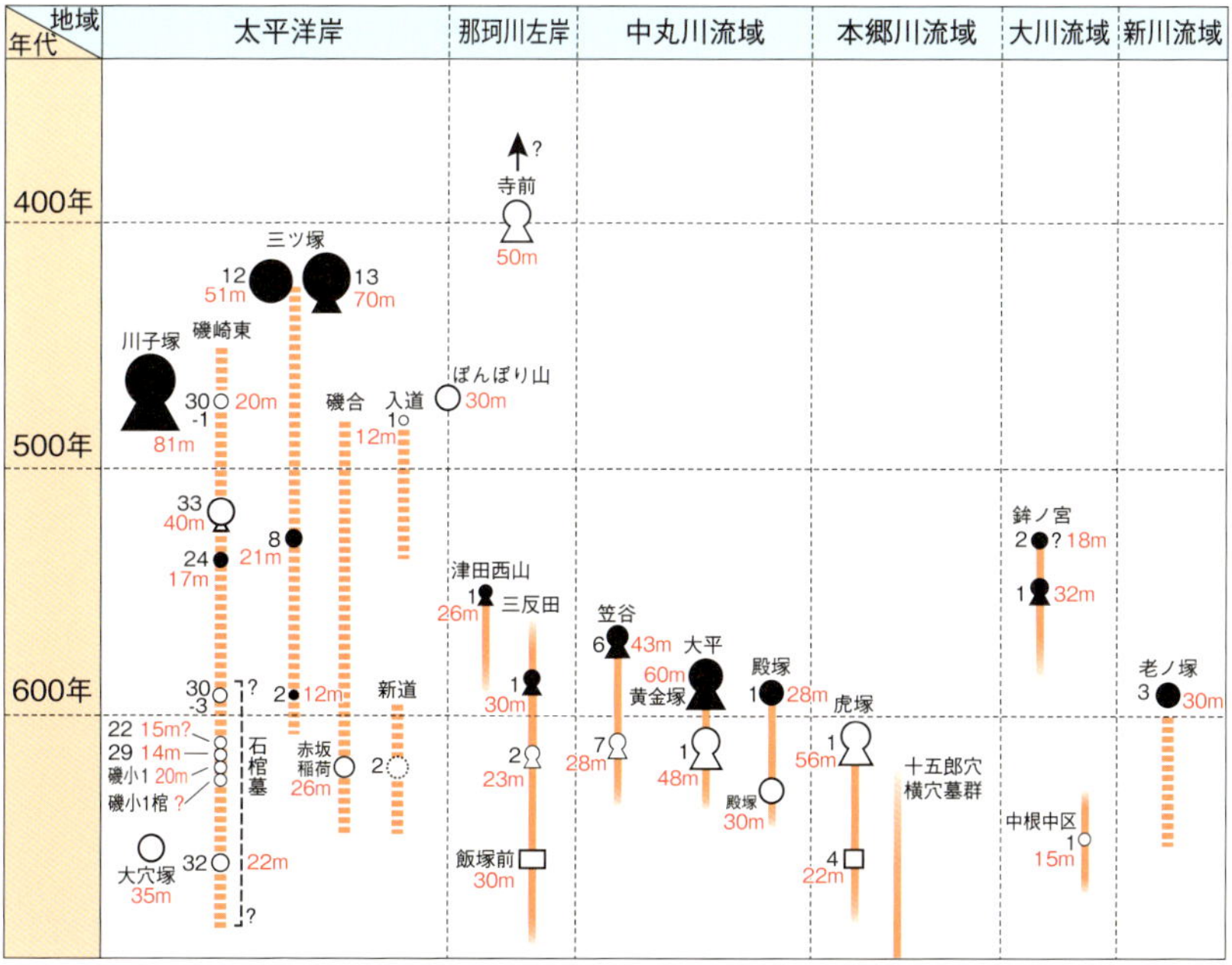

図56 ● 那珂川下流域左岸の古墳の変遷
500年中ごろから古墳が各流域で築造が開始される。太平洋岸だけは、ほかの地域とちがい400年から継続して古墳が造られる（黒：埴輪あり、白：埴輪なし）。

六世紀に入ると、太平洋岸以外にも古墳が出現する。那珂川河口から一二キロほどさかのぼった左岸台地上にある津田西山古墳群の第一・三号墳が、中丸川の支流、大川沿いにある鉾ノ宮古墳群の第一・二号墳が、埋葬施設と出土遺物から六世紀中ごろの古墳になる。

六世紀後半になると、高井・三反田《みたんだ》・笠谷・大平・殿塚・長堀・田彦《たびこ》・老ノ塚古墳群といった多くの古墳が造られるようになり、そのなかには三反田・笠谷・大平・殿塚・老ノ塚古墳群のように、七世紀前半まで継続する古墳群もある。三反田古墳群と笠谷古墳群、大平古墳群には、それぞれ埴輪を樹立する前方後円墳と、樹立しない前方後円墳が存在する。

七世紀になると、いまみた古墳群とは別の新たな場所に、虎塚・中根中区・二ツ森・孫目《まごめ》古墳群が造られる。市域で最終時期の古墳と推定されるのは、三反田古墳群の飯塚前古墳である。東西約三〇メートル、南北約二〇メートル、高さ約三メートルの長方墳である。二〇一三年の地下探査調査により、埋葬施設は二基の横穴式石室が並列している可能性がある。出土遺物は確認されていないが、墳形や二基の埋葬施設の存在などから七世紀中葉の時期とした。

以上のように那珂川下流域左岸の古墳は、五世紀代は太平洋岸にのみ存在し、六世紀中葉以降は各河川流域に分布するようになり、六世紀後半から七世紀前半のものが大半を占める。

ひたちなか海浜古墳群

こうした那珂川下流域の古墳のなかで虎塚古墳と十五郎穴に関連すると思われる古墳は、両者と近い場所にある笠谷古墳群をあげることができるが、笠谷古墳群については第1章でみてきたので、ここでは太平洋を臨む海岸部のひたちなか海浜古墳群についてくわしくみていこう。

太平洋岸の台地縁辺部には、海岸線に沿って北から磯崎東古墳群、磯合《いそあい》古墳群、入道古墳群、三ツ塚古墳群、新道《しんどう》古墳群が連なるように位置しており、これらをまとめて私は「ひたちなか海浜古墳群」と呼称している（図3参照）。

ひたちなか海浜古墳群では、太平洋を臨む台地縁辺部に直線で約三キロにわたって一三〇基近い古墳を確認している。群を構成する古墳は直径二〇メートル程度の円墳が主体で、磯崎東古墳群の第三三号墳や三ツ塚古墳群の第一三号墳のように帆立貝形古墳もある（図57）。また、三ツ塚古墳群第二号墳のように墳丘の高さが一メートルと低いものや、墳丘をもたない石棺墓もある。埋葬施設は石棺や横穴式石室があり、海岸の石を利用している。さらに墳丘に石が葺かれた古墳は市内では太平洋岸にしか存在しない。

出土遺物は、珠文《しゅもん》鏡や大刀、鉄鏃、骨鏃、鹿角装刀子、円筒埴輪、人物埴輪、壺形埴輪、須恵器、土師器、ガラス小玉、石製模造品などがあり、とくに大刀は市内三三点中一九点が太平洋岸の古墳から出土し、注目される。

こうした出土遺物から、ひたちなか海浜古墳群は五世紀前葉から七世紀中葉までの長期間にわたり古墳が造ら

図57 ● 磯崎東古墳群第33号墳
帆立貝形の古墳で葺石がみられる。左上は第30号墳。

れていたと考えられる。このことは市内のほかの地域の古墳が六世紀以降に築造が開始されることと対照的である。また、太平洋岸ではその周辺も含めて集落の存在が確認されていないため、この地域が長期間にわたって墓域であったと推測できる。

　これら太平洋岸の古墳にはいくつかの共通点がある。一つには、葺石のある墳丘が多いことである。二つには、石室や石棺に海岸の石を利用していることである。三つには、墳丘をもたない石棺墓が多く存在することである。これらの共通点は、市内では太平洋岸の古墳に限定される特徴であり、私が「ひたちなか海浜古墳群」とまとめて呼称する理由である。そして、これらの被葬者には、その立地や埋葬施設への海岸の石の利用から、海と深くかかわる集団を想定している。

　最近、そのことをさらに裏付ける調査があった。それは、二〇一一～一六年に海岸線の崖面の法面《のりめん》対策工事にともなう調査などで、多数の石棺墓を確認したことだ（図58）。

図58 ● 礒崎東古墳群第2015-2号墓（図59①の石棺墓）
海の目の前の斜面部に造られた石棺墓。遺骸は2体あり、人骨の遺存状態が非常によい。上位の人骨には赤色顔料のベンガラがまかれていた。

2　太平洋岸の石棺墓

磯崎東古墳群の石棺墓

ひたちなか海浜古墳群中の磯崎東古墳群では、二〇一一・一五・一六年に海岸道路の設置によって、現在は崖面となっている台地斜面部で九基の石棺墓を確認した（図59上）。石棺墓は海岸の石を利用し、基本的には短軸方向に一つずつ、長軸方向に四つずつの石で石棺を構成している。石棺の規模は、内寸で長さが約一・八メートル前後、幅が三〇センチ前後、高さが二五センチ前後のものが多い。長軸が一メートルと小型のものもある。床面には石材はなく、海砂が敷かれている。

斜面の中段から上段にかけて二段もしくは三段に構築しており、それはまるで横穴墓の配置のようである。また、石棺墓の上の台地上には墳丘を有する古墳がある。

石棺内部からは人骨のみが出土し、副葬品はない。人骨の遺存状態は非常によい。人骨は基本的に一つの石棺に一体だが、成人男性と思われる人骨が上下に重なった状態のもの（図58・59①）や、成人女性と思われる人骨とその大腿骨の脇に幼児骨が埋葬されていたもの（図59⑤）のように、複数体を埋葬した例も確認している。成人二体が埋葬されていた石棺墓では、石棺内の高さが三〇センチほどしかないことから、同時埋葬ではなく、上位の人骨は追葬を想定する。さらに、一部の人骨には赤色顔料のベンガラが撒かれたような状況を確認した。

人骨については現在調査中だが、男性、女性、幼児、成年、老年とさまざまで、潜水による水圧などの影響と関連するといわれている外耳道骨腫の可能性がある人骨も確認している。

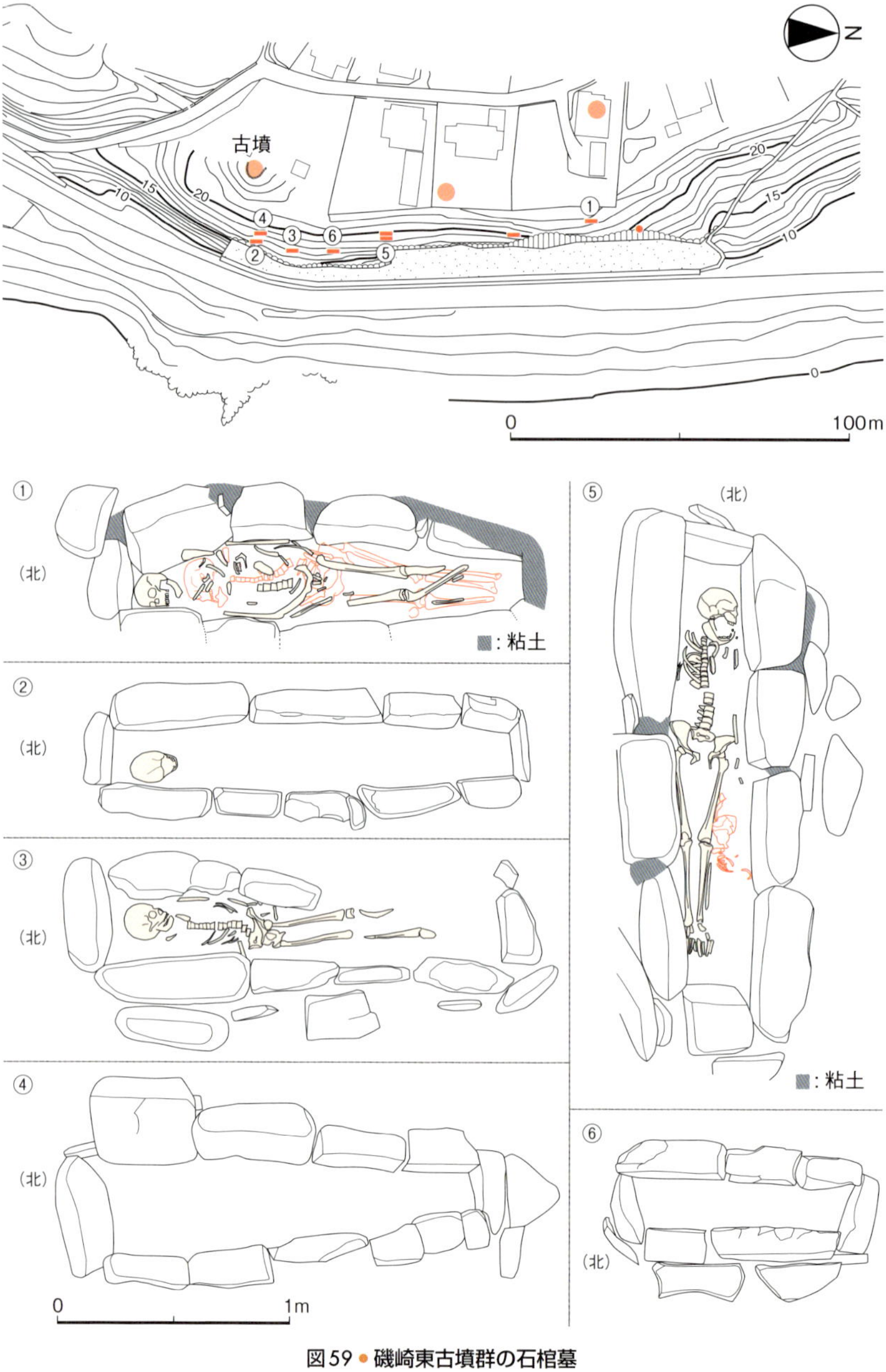

図59 ● 磯崎東古墳群の石棺墓
海を臨む斜面部に9基の石棺墓が分布する。石材は海の石を利用している。長さ約1.8mのものが多い。

常陸の石棺墓

常陸ではひたちなか市以外でも、このような石棺墓を東海村の白方《しらかた》古墳群（**図60**）や日立市の河原子《かわらご》古墳群（**図61**）、北茨城市の神岡上《かみおかかみ》古墳群で確認している。これらの石棺墓を検討すると、つぎの四つの特徴がある。

第一に、海や主要河川の河口を臨む場所に位置している（**図68参照**）。

第二に、出土遺物が少ないまたはないことから時期や系譜など不明な点が多い。しかし、いずれの古墳群でも石棺墓が単独で存在することはなく、墳丘や副葬品をともなう古墳が併存することから、それらとの比較から検討は可能である。たとえば、石棺墓と墳丘を有する古墳の石棺を比較すると、石組といった構造は類似するが、墳丘を有する石棺は規模や石材がひとまわり大きく、床面に板石が敷かれており、大刀などの副葬品を有するといった違いがみられる。よって時期を同時期とするならば、墳丘の有無が被葬者の身分差を示しており、石棺墓が高位の墓ではないと仮定できる。

第三に、副葬品をともなう磯崎東古墳群の第

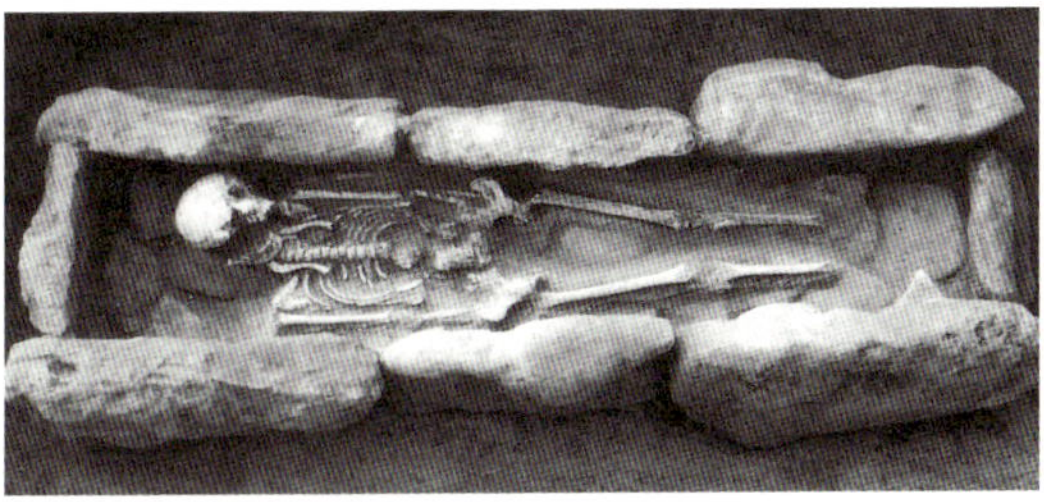

図60 ● 東海村の白方古墳群第13号墳
埋葬者は女性で、床面には海砂が敷かれていた。

図61 ● 日立市の河原子古墳群第４次第８号墓
石棺内の両側から７世紀後葉の須恵器の杯が出土した。

三〇号墳の石棺を例とすると（図62・63）、第一号石棺が五世紀後半で第三号石棺が六世紀末と比定できることから、おおよそ古墳時代後期の時期と推定する。この例は墳丘を有する石棺ではあるが、ほぼ同じ構造の石棺墓も同様とするならば、時期は古墳時代後期以降に帰属することになる。

古墳時代後期以降とした時期については、常陸で唯一時期のわかる遺物をともなう河原子古墳群の第四次第八号墓の時期や、例にあげた石棺墓の属する古墳群の時期からも裏付けられる。また時期による石棺墓の形態変化については、磯崎東古墳群の第三〇号墳の第一号石棺と第三号石棺はほぼ同じ構造をしているのに対して、出土遺物は一〇〇年ほどの差があることから、時期による形態変化が小さい墓制ともいえよう。

第四に、海が目の前に広がる立地や海の石を使うことからは、海への強いこだわりをもつ集団の墓であることが想定できる。

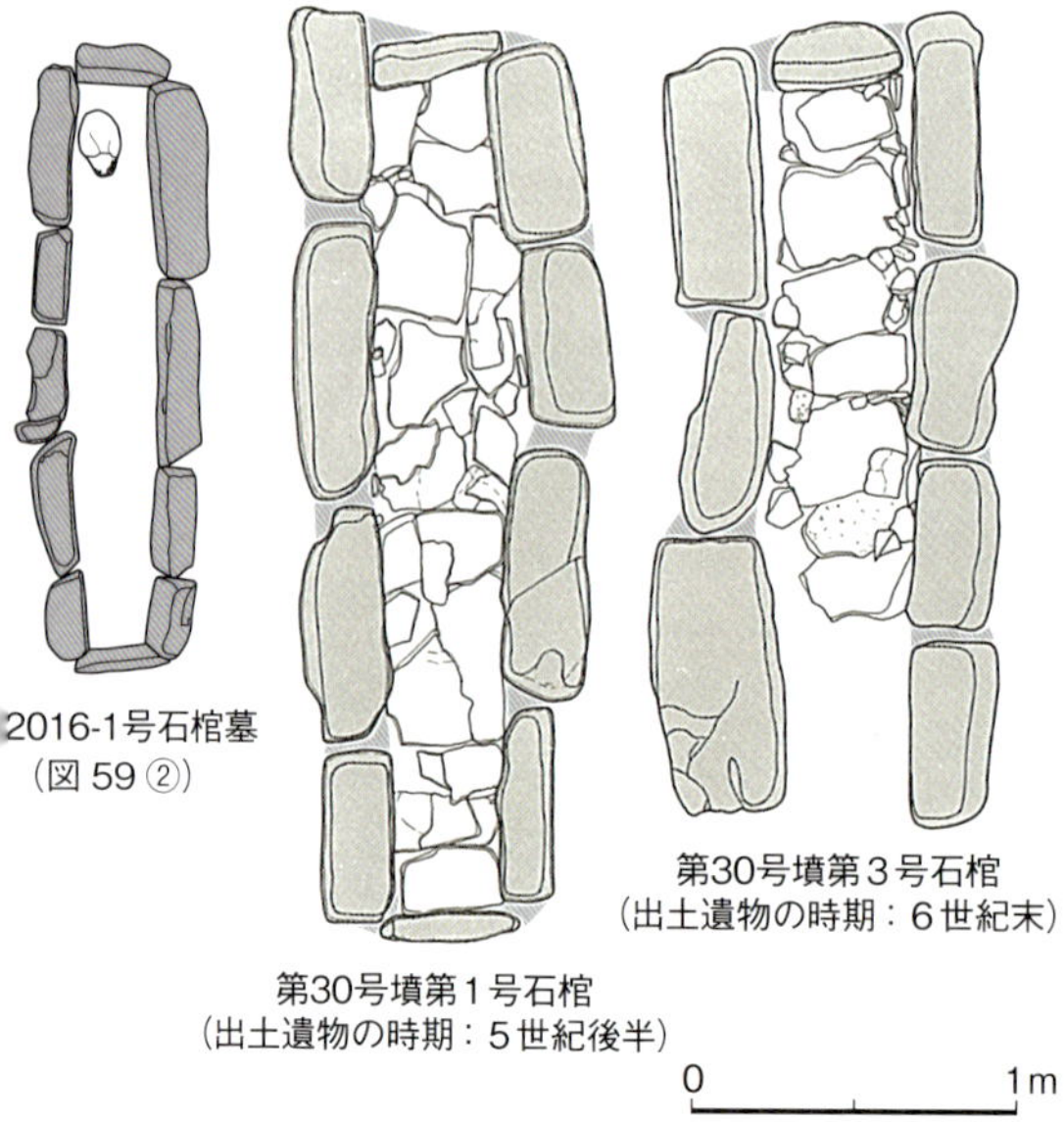

図63 ● 石棺墓の比較
墳丘のある第30号墳の石棺が
大型であることがわかる。

図62 ● 磯崎東古墳群第30号墳第1号石棺
左下に大刀があり、中央の青色は
珠文鏡。

磯崎東古墳群の石棺墓の設置方法は、あくまでも推測の域を出ないが、斜面部を断面L字形状に掘り下げて平坦面をつくり、そこに石棺を据えているものと推定している（図64）。また、先述の成人二体が埋葬されていた石棺墓の埋葬過程を検討すると、石棺内の高さから同時期の埋葬ではなく追葬行為を想定でき、さらに上位の人骨にはベンガラが全身に撒かれており、しかも骨に付着したベンガラの状況から撒いた時期は埋葬時ではなく、骨が露出した時期の可能性がある。そうすると蓋石を外す行為が少なくとも二回あったと推定することができる。このことから、石棺墓は土で埋め戻されない状態で蓋石が露出していたと考察する。すると、海から石棺墓の蓋石がみえることになる。

このように石棺墓は、海や主要河川の河口を臨む場所に位置し、単独で存在するのではなく同一古墳群中に墳丘を有する古墳が存在することから階層性が認められ、時期は古墳時代後期以降に帰属する可能性が高く、海というものを強く意識した墓制である、ということになる。

列島の海に臨む墓制

磯崎東古墳群のような石棺墓は、常陸だけではなく、神奈川県三浦市の勝谷《かっちゃ》砂丘遺跡（図65）や鎌倉市の長谷《はせ》小路《こうじ》周辺遺跡、和歌山

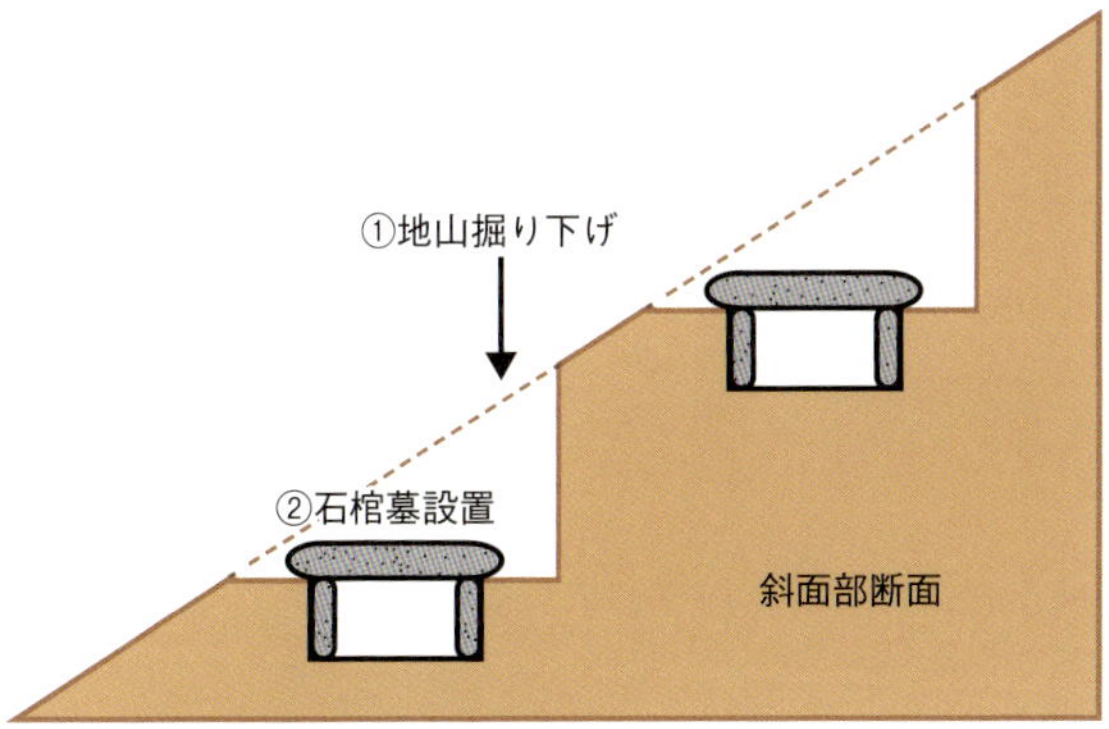

図64 ● 石棺墓の設置方法の推定模式図
石棺墓の天井石は露出していて海からみえたのではないだろうか。

県白浜町の脇ノ谷古墳、山口県萩市の見島《みしま》ジーコンボ古墳群の埋葬施設との類似性がある（**図66**）。

これらの臨海性の墓制ついて、神奈川県の西川修一氏は相模湾沿岸部の墓を検討し、相模湾東岸は関東地方の「西側の窓口」、ひたちなか市を「北東への窓口」と位置づけ、両地域に臨海性の強い集団墓が展開し、海上交通のネットワーク上の要となるミナトをつなぐ海洋民の活動の痕跡をみることができると指摘する。また、このネットワークは太平洋沿岸各地をつなぎ、さらに九州島をへて琉球列島などより西方へ展開していることも確実であり、広く韓国・台湾・中国南部など東アジアの範囲での比較検討も必要であろうとしている。

小林孝秀氏は、河原子古墳群や神岡上古墳群をとりあげ、同一古墳群にある横穴式石室と石棺墓の違いについて、海洋民の集団内における被葬者間の階層性を示すものと推定し、太平洋沿岸に展開した各古墳群における複雑ないし重層的な階層差を墓制に反映した可能性を想定している。

以上のように、臨海性の墓制からは、古墳時代における海上ネットワークの存在と航海・漕艇・運輸・造船にかかわる高度な専門知識や技能をもった集団＝海洋民の存在をうかがい知ることができる。

図65 ● **神奈川県三浦市の勝谷砂丘遺跡第1号石組**
磯崎東古墳群とよく似た石棺墓。石材は海の石を利用している。

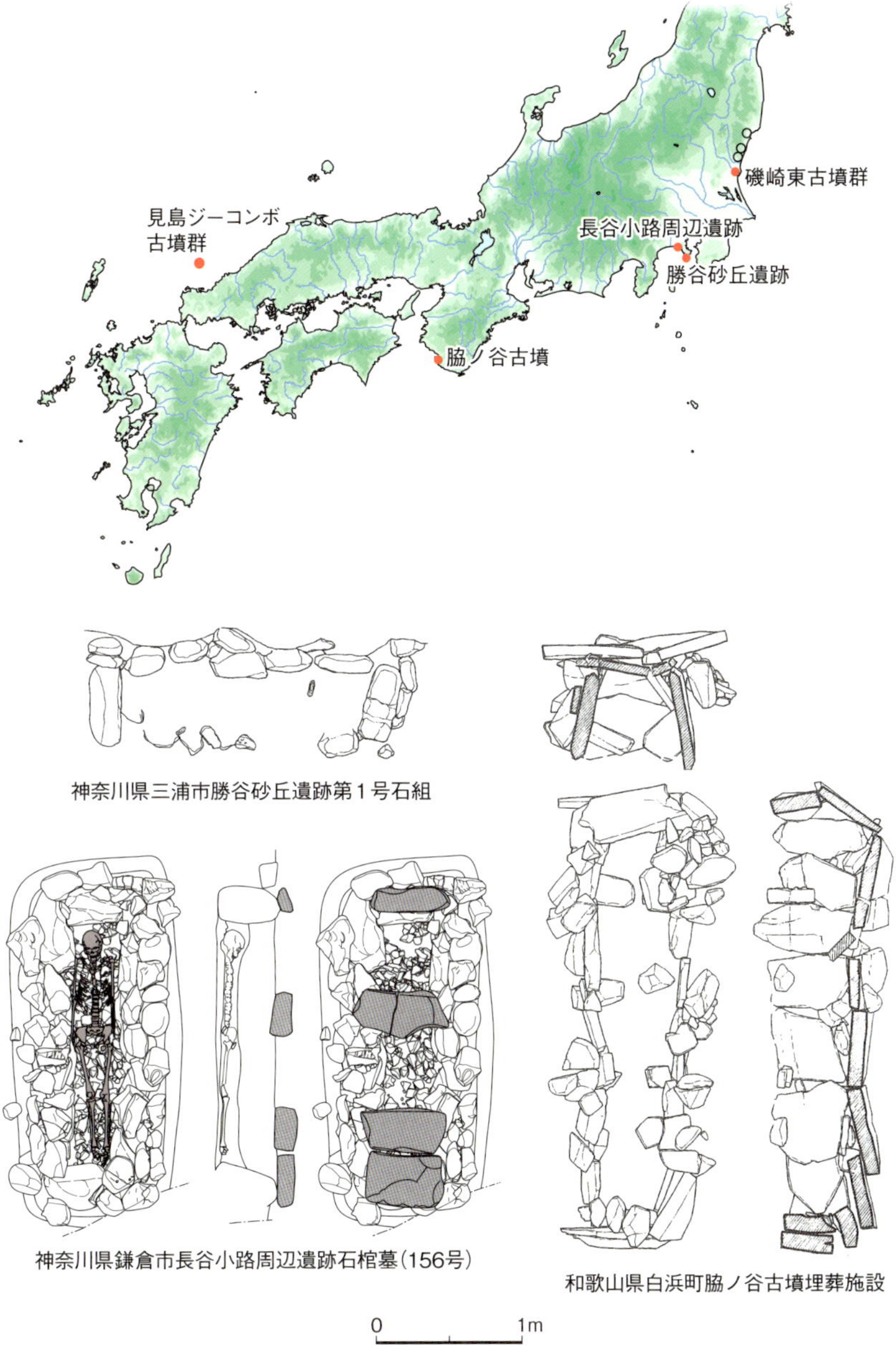

図66 ● 列島各地の石棺墓
石棺墓は日本列島の海岸部に点々と分布している。

磯崎東古墳群がある那珂川下流域は、奈良時代に中央の対東北政策において人的・物的供給という大きな貢献を果たす地域である。また、平城宮出土木簡からは、天平一八年（七四六）に磯崎東古墳群の目の前の海岸で採れたワカメが平城京に貢納された事実が判明しており、海産物の獲得を生業としていた人びとも想定できる。これらは奈良時代の事象ではあるが、時代をさかのぼって古墳時代に海運力や漁撈にかかわる集団が存在していた可能性を裏付けるものであり、その集団が海を強く意識した石棺墓をこの地に造営したものと考える。

以上、太平洋岸の古墳が海と大きくかかわっていることをみてきた。それでは、そのほかの地域はどうであろうか。

3　海でつながる古墳時代の文化

虎塚古墳の装飾文様と九州の装飾古墳

虎塚古墳の装飾文様は、横穴式石室の壁面に白土を下塗りし、その上にベンガラで連続三角文などの幾何学文様と大刀や靭などの具象文様を描き、一部の文様に線刻もあるものだった。ここで注目するのは、彩色と線刻を併用する技法である。

このような技法は、ひたちなか市から福島県いわき市の太平洋岸に位置する装飾古墳、日立市の十王前横穴墓群の第二・一一・一四号墓や、いわき市の中田横穴墓群第一号墓（中田一号墓）にもみられる（図67・68）。虎塚古墳と中田一号墓の装飾文様は、技法に加えて連続三角文であることや白色と赤色を使っていることなどの類似する点が多く、遺跡の立地から海を介した交流を考える。

　また、このような描き方は熊本県玉名市の菊池川流域にある永安寺東《えいあんじひがし》古墳や塚坊主《つかぼうず》古墳といった装飾古墳の特徴であり、円文や三角文といった文様も類似する（図69）。さらに、福岡県桂川町の王塚古墳は石室全体に装飾を描いた古墳として有名だ

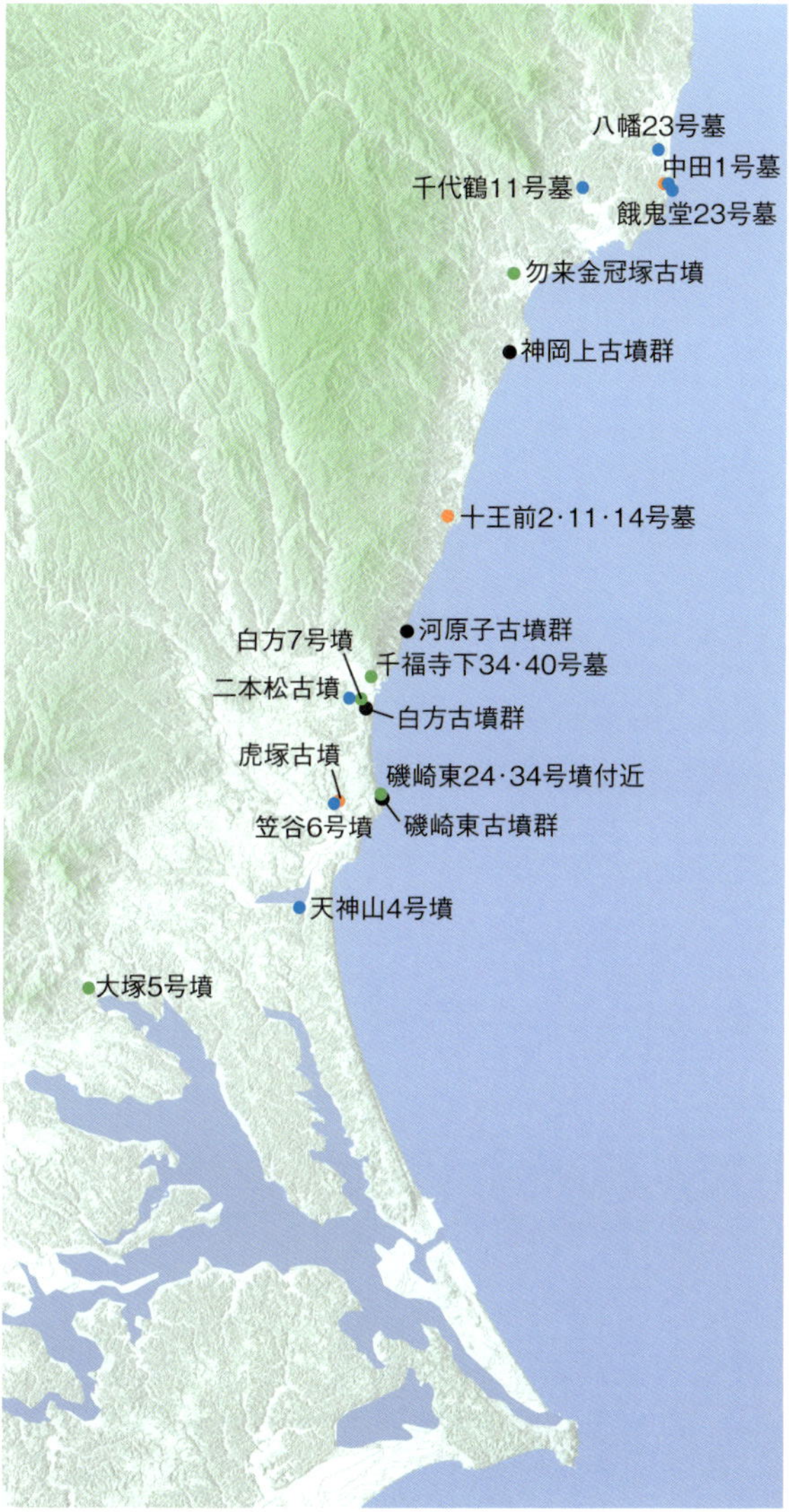

● 装飾と線刻を併用する装飾古墳
● イモ貝装馬具出土墳墓
● 骨鏃出土墳墓
● 石棺墓

図68 ● 常陸の古墳の共通性
遺物の分布から、太平洋岸に沿って帯状に広がる地域の交流がうかがえる。

図67 ● 福島県いわき市の中田１号墓
赤色と白色で連続三角文が描かれている。

が、その壁画のなかには円文、三角文、蕨手文といった図形や靫、大刀が描かれていて(図70)、虎塚古墳との関連が注目される。

虎塚古墳群の虎塚四号墳の石室の玄門は、第1章でみたように、一枚石の板石の中央を幅五〇センチ、縦一メートルに刳り貫いたものだった。このような玄門構造は常陸ではほかに確認できず、栃木県壬生地域や島根県、熊本県に類例がある。

九州から虎塚古墳のあるひたちなか市に人が来ているのかどうか。この点について装飾文様の図像学的な論文や議論が数多く存在するが、結論には至っていない。考古学的にみるならば、もし、九州から人が来ているのであれば、古墳以外にもその痕跡があるのではないかと考え、土師器の杯に注目してみた。

熊本県植木町(現・熊本市)の古墳時代の集落跡である石川遺跡の杯を見学した際、ひたちなか市で出土した七世紀前後の時期の杯を脇に置いてみた。そうすると、形状はもちろん、言葉では表現できない質感がそっくりなのである。市の担当者にもみてもらったが、見分けがつかないといわれた(図71)。

虎塚古墳の築造された七世紀前後の土師器の杯の特徴は、須恵器の杯を模倣した形状で、土器の表面に漆を塗ったと考えられる

図70 ● 福岡県桂川町の王塚古墳(復元)
連続三角文や靫といった虎塚古墳と似た文様が描かれている。

図69 ● 熊本県玉名市の永安寺東古墳
三角文や円文の縁には細い線刻がみられる。文様も虎塚古墳に似ている。

黒っぽい色調の土器である。杯の形状は地域によってちがいがみられ、常陸でも北部と南部では若干のちがいがある。それがはるか遠い熊本県のものと似ているということはどういうことなのか。

これらの土器の類似については、九州との関係はないという意見もあり、またどのように伝わったのかという問題もあり、今後も慎重に検討していかなければならない。

笠谷古墳群のイモ貝装馬具

笠谷古墳群の第六号墳から出土したイモ貝装馬具（図16参照）は、当古墳を含めて常陸では四例しかなく、時期もみな七世紀前半である。それらの古墳の立地をみると、常総市の七塚古墳群第一号墳以外は常陸中央部から北部の海岸沿いに位置している（図68参照）。このイモ貝装馬具は、九州、とくに福岡県に多く分布し、ついで畿内より東方、すなわち遠州灘沿岸から福島県いわき市域の太平洋側に集中して分布すると、鹿児島市立ふるさと考古歴史館の中村友昭氏が指摘している（図72）。

図71●熊本市の石川遺跡とひたちなか市の武田石高遺跡の杯
黒っぽい色調の杯や高杯が非常によく似ている。

磯崎東古墳群の骨鏃と埋葬施設

磯崎東古墳群からは、鉄製ではなく鹿の角などを材料とした骨鏃が出土している（図73）。当古墳群を含めて常陸では白方古墳群第七号墳、日立市の千福寺下《せんぷくじした》横穴墓群の第三四・四〇号墓、かすみがうら市の大塚古墳群の第五号墳から出土している。

これらの古墳の時期は六世紀から七世紀前半に位置づけられ同時期というわけではないが、白方古墳群と千福寺下横穴墓群は久慈川河口域、大塚古墳群は恋瀬川《こいせがわ》が霞ヶ浦につながる場所といったように、水上交通の要所と思われる場所にある点で共通している。

常陸で出土する骨鏃は鏃身部が長い特徴があり、このような骨鏃の分布は、五世紀以降の南九州と関東から東北地方南部のとくに海岸部にみられるものと東北大学の藤

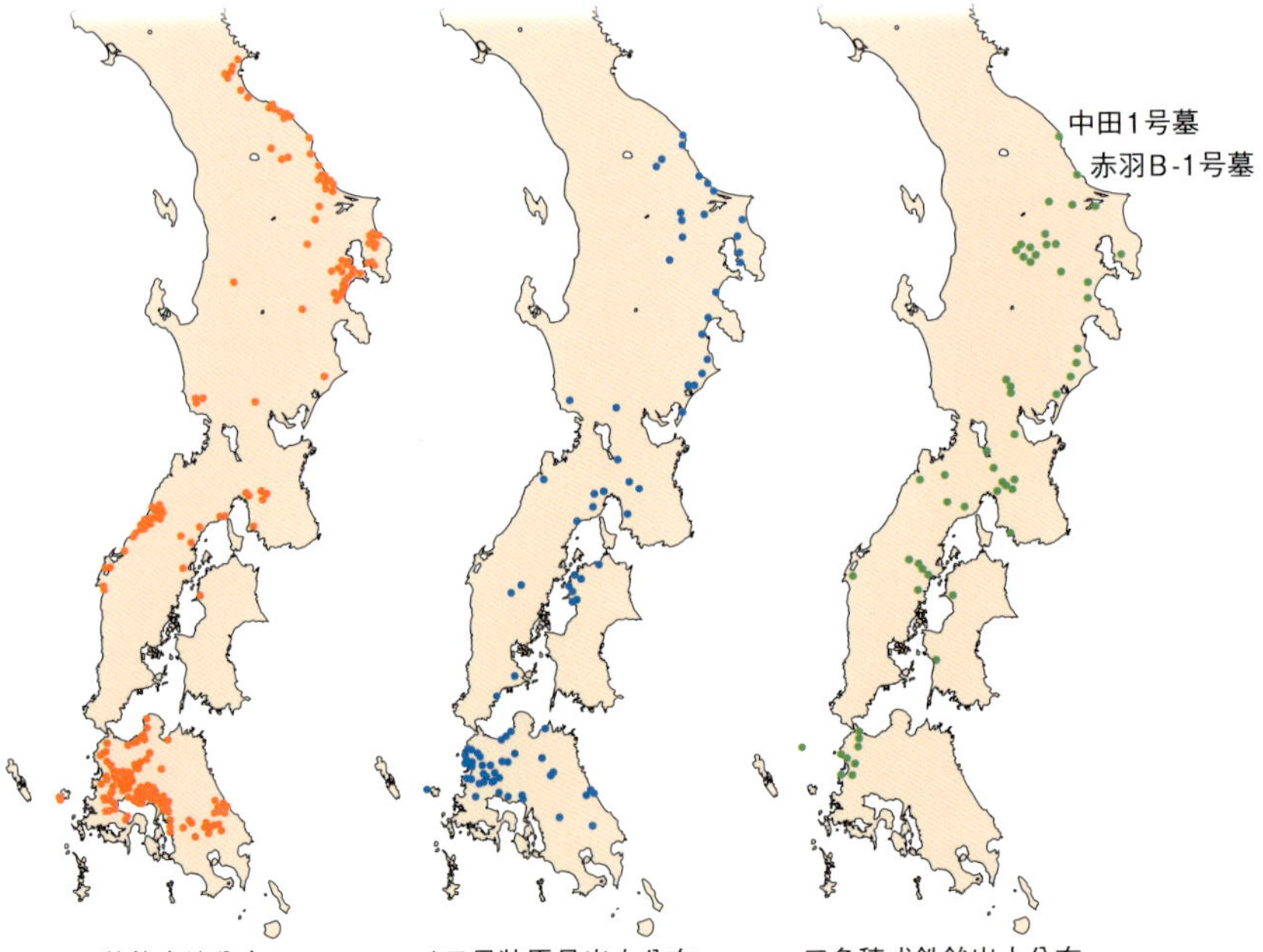

図72 ● 列島各地の分布
分布は海岸部を中心にみられ、近畿ではなく九州に集中することが注目だ。

沢敦氏は指摘する。

また、骨鏃は漁撈用具製作に不可欠な骨角を素材としていることから、漁撈系集団の弓矢を象徴しているものと考え、骨角製品を副葬することは被葬者の出自が漁撈系集団にあることを示すためであったとする横須賀市自然・人文博物館の稲村繁氏の意見もある。

骨鏃のほかに当古墳群には先述のとおり海岸の石材を用いて構築する石棺墓がある。現時点では九州との関係は不明だが、海を介した交流の可能性がある。

三角穂式鉄鉾

日立市の赤羽横穴墓群B支丘の第一号墓から三角穂式鉄鉾という鉾先が出土している。三角穂式鉄鉾は、茨木市教育委員会の齋藤大輔氏によると、列島全体でも海辺に近い古墳からの出土が目立ち、海上交通や対外交渉にかかわる保有者像を想定できる遺物で、出土遺跡数では福岡県が最多となる（図72）。

赤羽横穴墓群B支丘の第一号墓は、常陸の横穴墓で最大級の玄室規模を有し、副葬品も金銅製立飾り金具や馬具を唯一出土した横穴墓である。近隣では中田一号墓でも三角穂式鉄鉾が出土している（図74）。この二つの横穴墓は玄室構造のちがいはあるものの、六世紀後葉という時期や横穴墓の構造が大型であること、豪

図73 ● 磯崎東古墳群出土の骨鏃
鹿の角などでつくられた鏃。海洋民と関連する遺物と考えられている。

華な副葬品を有する点で共通しており、二つの墓の被葬者に海上交通や対外交渉にかかわる保有者像をあてはめることができる。

このほかには、常陸で現在もっとも古い横穴式石室とされる土浦市の高崎山古墳群の第二号墳の構造が九州系の横穴式石室の構造に類似している点や、日立市の坂下横穴墓群のA支群一五号墓にみられる中央に通路、その両側に屍床をもつという玄室構造が熊本県の横穴墓の構造に類似することなどがある。

このように、装飾古墳の装飾図文やその技法、刳り貫き玄門、土師器、イモ貝装馬具、骨鏃、海岸部の石棺墓、三角穂式鉄鉾、石室や玄室構造などから、常陸の古墳には九州を含めた海を臨む地域とのさまざまな交流が想定できるのである。

図74●中田1号墓出土の三角穂式鉄鉾

鉾身の断面が三角形の鉄鉾。海辺に近い古墳からの出土が多い遺物とされる。

海洋民の活躍

イモ貝装馬具や三角穂式鉄鉾の分布は、近畿に中心がなく、九州に多く分布する。それは装飾古墳や横穴墓の分布とも重なる。

では、これらの常陸と九州との関連には、どのような背景があるのだろうか。この問いかけの一つの手がかりとして、江戸時代の北関東の海運が参考となる（図75）。

江戸時代、東北地方の米などの物資を江戸へ運ぶ場合、太平洋を南下してきた船は那珂川河口の那珂湊を中継地として、外洋から那珂川・涸沼川《ひぬまがわ》へ入り、一部陸送して巴川《ともえがわ》から北浦そして利根川をさかのぼり、千葉県野田市の関宿《せきやど》から江戸川を通して江戸へ到達する。この経路の活用で那珂湊は大いに栄えた。

千葉県の銚子沖は海流の影響で現在も海の難所といわれており、そこを避けて安全に東京湾へたどり着く経路として、那珂湊からの内水面ルートが活用されたのである。もちろん、古墳時代にまったく同じ経路は存在しないが、海流の影響により那珂川河口域が海と内水面とをつなぐ要所であったと考えることができる。

よって海と内水面とをつなぐ要所として那珂川河口域には人やモノが集中し、その結果としてこれまで紹介してきた水上交通と関係する古墳や遺物が存在するものと推測する。そして、遺物からはヤマト王権が深く関与していたことを示す資料がある反面、そのなかに畿内に分布の中心をもたない遺物があることは、ヤマト王権主導ではない、地域を主体とする地域間交流が展開されていた可能性を示唆している。そしてその交流には「海洋民」の活躍があったと考

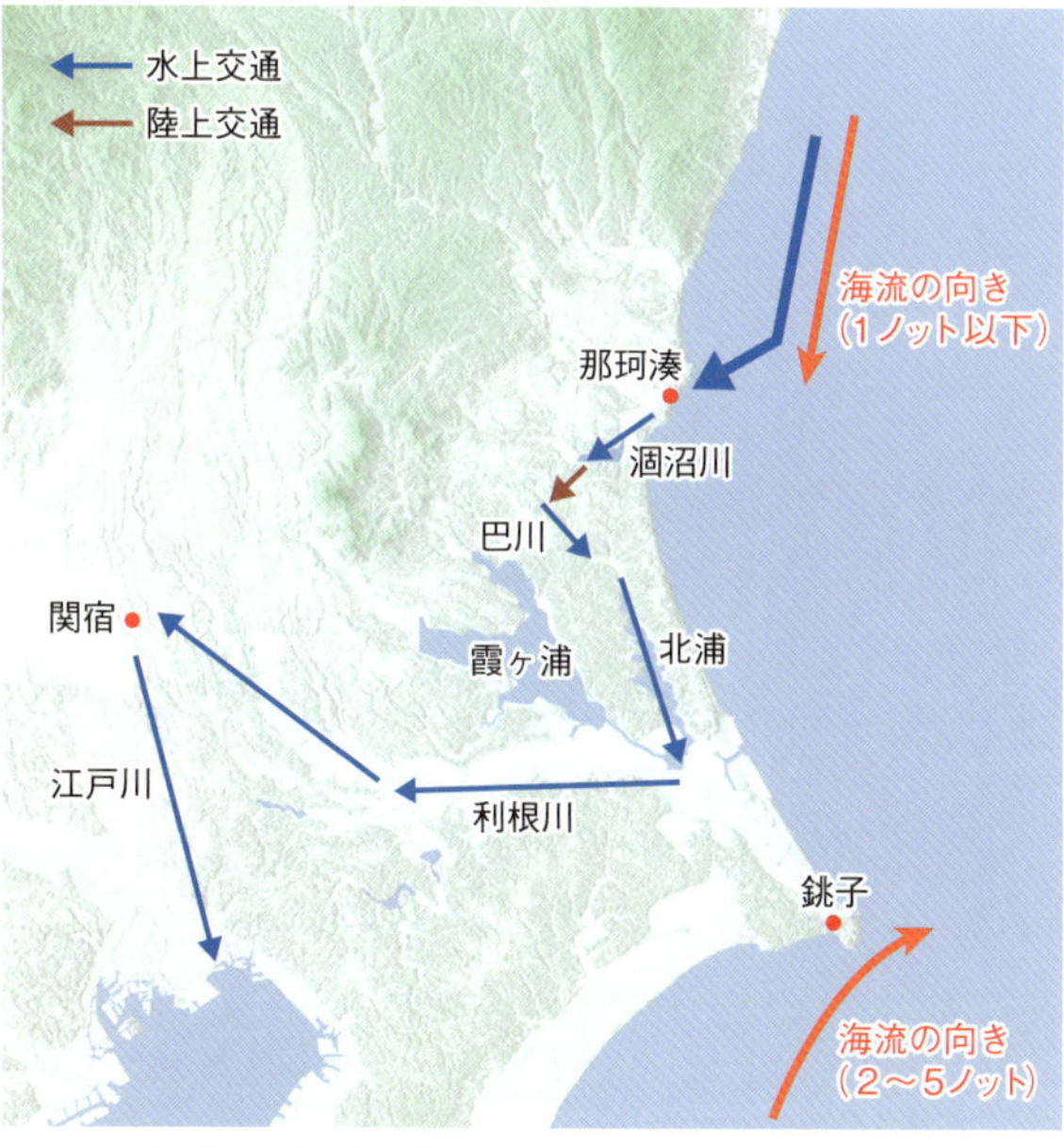

図75 ● 江戸時代の北関東の海運
銚子沖は現在でも海の難所である。そこを避けるために、那珂湊は海と内水面とをつなぐ要所であった。

える。その交流の一つとして常陸と九州とのつながりもあるのではないだろうか。

4　古墳時代から古代へ

那賀郡衙

奈良時代になると、那珂川下流域に那賀《なか》郡が置かれる。那賀郡は二二郷からなる大郡で、那珂川河口域を含み、那珂川・涸沼川水系と太平洋との結節点に位置する。那賀郡の政治の中心的役割を担う官衙施設である政庁と、租税の稲を蓄えておく倉である正倉院などの建物などを確認した遺跡が、那珂川沿いと河口域に四つ存在する（図76）。

台渡里《だいわたり》官衙遺跡群は、那珂川を一六キロばかりさかのぼった右岸にある。那珂川をみおろす台地上で、すぐ近くを官道の東海道が通り、水陸交通の要所に位置している。

この遺跡群は、那賀郡の役所である台渡里官衙遺跡と、それに関連する寺院とみられる台渡里廃寺跡が複合した遺跡群で、台渡里官衙遺跡は大小二重の溝でかこまれた東西三〇〇メートル、南北二七〇メートルの範囲に瓦倉が建ちならぶ那賀郡衙の正倉院とされる。台渡里廃寺跡は七世紀後半に創建された寺院で、火災により消失し、九世紀後半に再建されている。

台渡里官衙遺跡群とは那珂川をはさんで対岸に、那賀郡の河内駅家《かわちのうまや》に推定される田谷廃寺跡がある。駅家は官道に置かれて、運搬や宿泊を担う施設がある。詳細はわかっていないが、礎石建物の存在が認められている。

那珂川河口域には、郡衙正倉別院とされる大串《おおぐし》遺跡と平津駅家《ひらつのうまや》がある。大串遺跡では二〇〇七年の調査で、正倉とみられる礎石建物や大型掘立柱建物、正倉院の西側を区画する溝などが確認され、多数の瓦も出土した。

調査成果からは、大串遺跡は那賀郡衙正倉院（本院）に対して、那賀郡内諸郷からの租税の収奪の強化・円滑化を図るために、郡衙が置かれた郷とは別の郷に設置された郡衙正倉院別院の可能性がきわめて濃厚であることを水戸市教育委員会の川口武彦氏は指摘する。また、平津駅家については、蝦夷征討において兵站補給基地としての役割を担う河川港という性格をもち、軍糧補給を効果

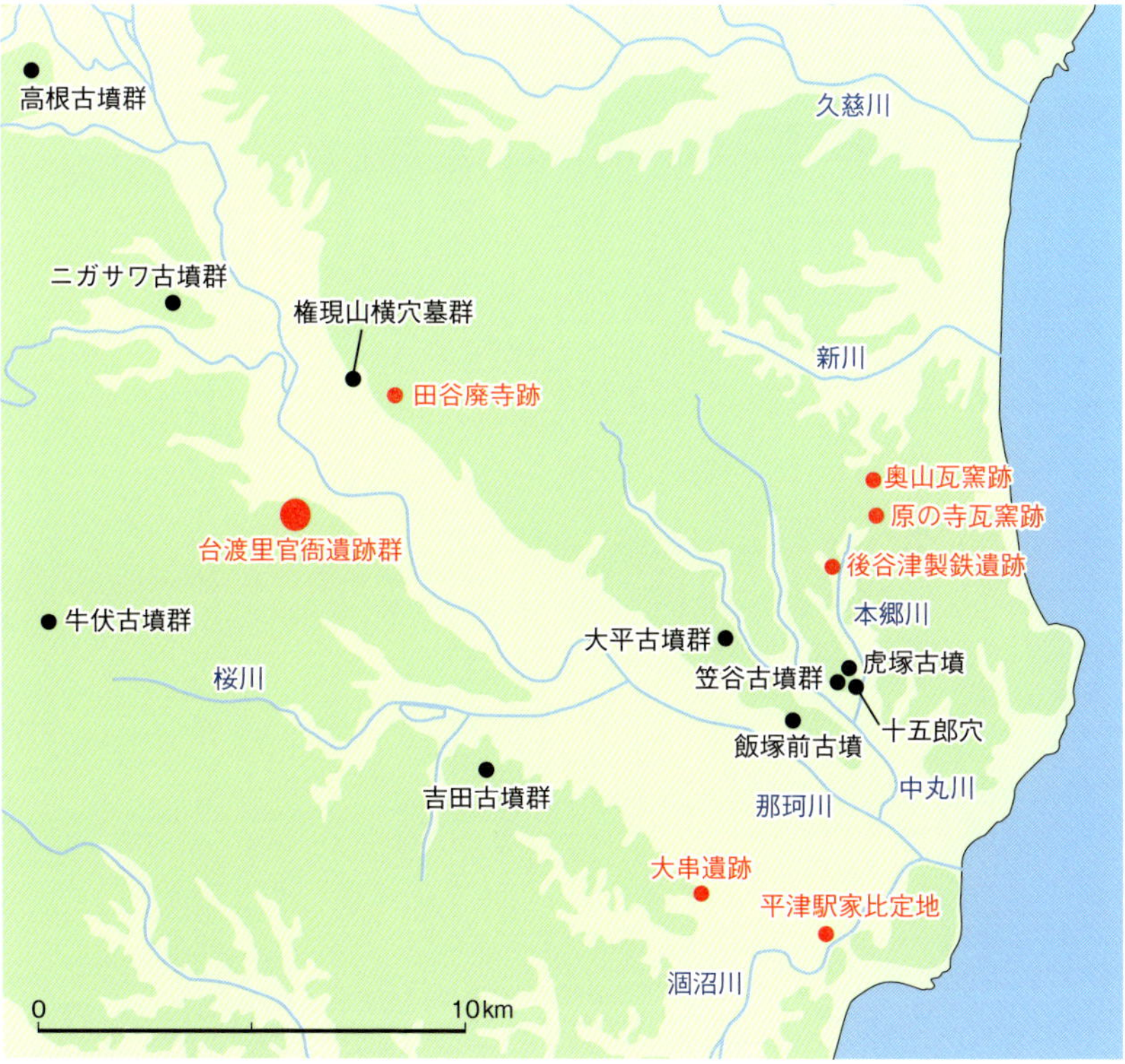

図76 ● 古代那賀郡の遺跡
十五郎穴周辺には、那賀郡衙と関連する生産遺跡がある。

的におこなえるようにする目的から大串遺跡の郡衙別院との関連を考えている。

律令国家の対東北政策と那賀郡の在地首長

これらの施設は、瓦葺の倉があることが共通している。その瓦には、現在の宮城県多賀城市に位置する多賀城の瓦と似たものが採用されている。

瓦葺という一般的でない倉の存在について、対東北政策（東北経営・蝦夷征討）を進めるうえで、地方官衙施設を荘厳化することが重要であったと島根大学の大橋泰夫氏は述べている。また、対東北政策の拠点となった国の施設である多賀城と酷似する瓦を正倉の軒先に飾ることについては、那賀郡司らにとって征夷事業への参加は一大イベントで、征夷事業を後方から支援していることを郡の内外に知らしめるための一つの手段として、類似した文様の軒先瓦を正倉の屋根に採用したのではないかと川口氏は説明する。

以上のように、那賀郡は対東北政策と深いかかわりのある場所と考えることができる。とくに、那賀郡が貢献したものとして、人やモノの輸送を指摘する。

『続日本紀』には、養老七年（七二三）と天応元年（七八一）に那賀郡の貢献記事がある。養老七年の記事では、「常陸国那賀郡大領《たいりょう》外正七位上宇治部《うじべ》直《のあたい》荒山《あらやま》が私穀三千斛《こく》を陸奥国の鎮所に献じ、外従五位下を授けられる」とある。那賀郡の長官である宇治部直荒山が三〇〇〇石を陸奥国に献上し、外従五位下という位を授与されたという。

ちなみに養老七年の物資輸送に動員されたであろう人員や船数は、陸上輸送ならば六〇〇〇人、海上輸送ならば三〇〇人で船数六〇隻と算出されている。また天応元年の記事では、「下総国印旛郡大領外正六位上丈部直牛養・常陸国那賀郡大領外正七位下宇治部全成が軍粮を進め、外従五位下を授けられる」とある。那賀郡の長官である宇治部全成が兵粮を献上し、外従五位下という位を授与されたという。

こうした献物叙位における労働力は、郡の長官である在地首長の「私的」な労働力であり、坂東の在地首長層の政治・経済的活動に、外洋交通が重要な機能をはたしたこと、征夷には坂東の在地首長の海運力が不可欠であったことがわかる、と早稲田大学の川尻秋生氏は指摘する。また、このような那賀郡を含む古代東国の在地首長が外洋船を私有し、外洋航海についての技術と知識を潜在的に有していたことがわかるとともに、その外洋船は征夷の進行とともに、大量の兵士と兵粮を東北へ輸送する際に使用され、海上交通についてより強く在地首長に依存していたと川尻氏は説明する。

対東北政策との関連では、つぎの事象も注目される。弘仁以降の蝦夷征討の終結によって、平津駅家から陸奥国鎮所への漕送が不必要になったとする元茨城キリスト教大学の志田諄一氏の見解である。弘仁期（八一〇〜八二四年）は、十五郎穴で遺物から確認できるもっとも新しい時期の九世紀前葉と重なることから、征夷事業の終結と連動して横穴墓の使用が終了したとも考えることができる。

このような那賀郡の状況から、郡内に位置する十五郎穴も対東北政策に深く関連した集団の遺跡である可能性を考える。よって十五郎穴の被葬者には、水上交通を担う集団や兵士といった対東北政策に深くかかわった人物、またはそれに貢献した人物が想定できる。

それを裏付けるものとして、第3章でみた、館出支群I区第三五号墓から出土した大刀や正倉院宝物に匹敵する豪華な刀子の存在があるのではないだろうか。また、十五郎穴が、那珂川河口を望む場所を選んで造営しているように推測でき、那賀郡の官衙遺跡と同じように、那珂川河口部からの景観を意識し、対東北政策を後方から支援していることを郡の内外にアピールするための墓域とも想定できる。

さらに、那賀郡衙との関係では、十五郎穴の前を流れる本郷川上流域には、鉄を生産した後《うし》谷《ろや》津《つ》製鉄遺跡や瓦を焼いた原の寺瓦窯跡と奥山瓦窯跡があり（**図76参照**）、三遺跡ともそこで作られた製品は那賀郡衙の建物に供給していたものであることから、那賀郡衙に深く関係した地域に十五郎穴が位置していることになるのである。

以上のように十五郎穴は、古墳時代から続く外洋と内水面とをつなぐ地理的な重要性を背景に、古墳時代終末から平安時代にかけての中央の対東北政策と深くかかわる重要な遺跡なのではないだろうか。

十五郎穴と深く関連する虎塚古墳についても、すでに記したように既存の古墳群中ではなく、新たな場所に造られている古墳であることや石室内を装飾するという新たな葬送様式の採用などから、この地に新興した首長の墓と考え、その出現には十五郎穴と同様に地理的な重要性を背景にして、中央の東国政策と地域主導の海洋民などの活躍があったことを物語る古墳ではないかと考える。

5　地元の宝・虎塚古墳と十五郎穴

虎塚古墳は、一九八〇年から一年に一六日間の石室内の一般公開を続けている。現在でも公開時には一六日間で約三〇〇〇人の見学者が訪れている。また公開前後には、明治大学や東京文化財研究所などの専門家が壁画の状態を観察し、古墳を良好な状態で保存している。

同じように十五郎穴も、調査によって横穴墓群全体が非常によい状態で残っていることが確認できた。一九四〇年に県指定史跡の指定をうける際に「当遺跡は県下希にみる横穴墓群であり、多くの横穴墓の密集と個々の横穴墓が比較的に既往の破壊を免れている」と評価されてから七〇年以上経過した現在も、その当時の評価に値する状態であることが判明したのである。

虎塚古墳と十五郎穴がこのように良好な状態を維持していることは、二つの遺跡が長年にわたり地域とかかわりながら現在まで最高の保存状態で伝えられてきたことの証であろう。とくに虎塚古墳は、地元の「中根ときわ会」のみなさんが敷地内の清掃や草刈りをおこなっており、地元の宝として、地元に愛されている古墳となっている（図77）。今後もこの最高の状態を保つ努力を続け、虎塚古墳と十五郎穴のすばらしい魅力を伝えていきたい。

図77 ● 中根ときわ会の活動
清掃活動を月2回以上おこなっている。虎塚古墳は地元の宝。いつもきれいな状態で、見学者を迎えている。

参考文献

渥美賢吾　二〇一三「律令制成立期前後の墓前祭祀における土器様相の一側面―茨城県水戸市ニガサワ一号墳出土土器をめぐって―」『茨城県考古学協会誌』二五　茨城県考古学協会
稲田健一　二〇一四「イワキとヒタチ」『学術研究集会　海の古墳を考えるⅣ―列島東北部太平洋沿岸の横穴と遠隔地交流―』第四回海の古墳を考える会
稲田健一　二〇一八「茨城県ひたちなか市磯崎東古墳群の石棺墓」『横須賀考古学会　研究紀要』六　横須賀考古学会
稲村　繁　二〇一三「海民と洞窟葬」『古墳時代の考古学六　人々の暮らしと社会』同成社
井上義安・斉藤　新　一九九〇『那珂湊市磯崎東古墳群』磯崎東古墳群発掘調査会
大塚初重・小林三郎　一九七八『勝田市史　別篇Ⅰ　虎塚壁画古墳』勝田市史編さん委員会
大橋泰夫　二〇一二「坂東における瓦葺きの意味―クラからみた対東北政策」『古代社会と地域間交流Ⅱ―寺院・官衙・瓦からみた関東と東北―』国士舘大学考古学会
川口武彦　二〇〇九「茨城県水戸市田谷廃寺跡出土瓦の再検討―多賀城様式瓦と文字瓦を葺いた瓦倉が眠る官衙遺跡―」『東海大学考古学教室開設三〇周年記念論文集　日々の考古学二』東海大学考古学教室開設三〇周年記念論文集編集委員会
川尻秋生　二〇〇三「古代東国の外洋交通」『古代東国史の基礎的研究』塙書房
小林孝秀　二〇一四『横穴式石室と東国社会の原像』雄山閣
小林孝秀　二〇一七「太平洋沿岸における横穴式石室の伝播」『学術研究集会　海の古墳を考えるⅥ　三河と伊勢の海―古墳時代の海道を往還する―　発表要旨集』「海の古墳を考えるⅥ」実行委員会・海の古墳を考える会
齋藤大輔　二〇一四「北部九州における装飾武器の特質とその背景」『古墳時代の地域間交流二　第一七回九州前方後円墳研究会　大分大会』九州前方後円墳研究会
志田諄一　一九九二「古代常陸の水運―蝦夷征討をめぐって―」『常総地域における交通体系の歴史的変遷に関する総合的研究』筑波大学
辰巳和弘　二〇一五『古代をみる眼―考古学が語る日本文化の深層―』新泉社
中村友昭　二〇一四「琉球列島産貝製品からみた地域間交流」『古墳時代の地域間交流二　第一七回九州前方後円墳研究会大分大会』九州前方後円墳研究会
生田目和利　二〇〇二「茨城県の装飾古墳と装飾横穴墓」『装飾古墳の展開―彩色系装飾古墳を中心に―発表要旨集』埋蔵文化財研究会
西川修一　二〇一六「相模湾沿岸部における古墳時代の臨海性墓制について」『長谷小路周辺遺跡発掘調査報告書』株式会社斉藤建設
ひたちなか市教育委員会ほか　二〇一七『十五郎穴横穴墓群―東日本最大級の横穴墓群の調査―』
広瀬和雄　二〇一〇「東国における前方後円墳の終焉」『前方後円墳の終焉』雄山閣
藤沢　敦　二〇〇二「古墳時代の骨角器」『考古学大観　第九巻　弥生・古墳時代　石器・石製品・骨角器』小学館
渡邊邦雄　一九九九「八・九世紀の古墳祭祀（上）・（下）」『古代文化』五一―一一・一二　古代学協会
渡邊邦雄　二〇〇〇「律令墓制における古墳の再利用―近畿地方の八・九世紀の墳墓の動向―」『考古学雑誌』八五―四　日本考古学会

虎塚古墳

・ひたちなか市中根字指渋3494―1
・ひたちなか市埋蔵文化財調査センターから徒歩2分
・問い合わせ先：ひたちなか市埋蔵文化財調査センター

古墳公園として整備してあり、墳丘は常時見学できる。石室内壁画は春と秋に一般公開している。

1973年調査時の虎塚古墳

十五郎穴横穴墓群

・中根字館出3490―イ
・埋文センターから徒歩10分

一部が茨城県指定史跡になっており、常時見学できる。

十五郎穴横穴墓群

ひたちなか市埋蔵文化財調査センター

・中根3499
・電話　029(276)8311
・開館時間　9：00～17：00（入館は16：30まで）
・休館日　毎週月曜日（祝日の場合はその翌日）、12月28日～1月4日、館内整理日（7日以内）
・入館料　無料
・交通　ひたちなか海浜鉄道湊線「中根駅」下車、徒歩27分（1・8㎞）。車で北関東自動車道東水戸道路ひたちなかICから5分。

市内埋蔵文化財の調査・研究、整理・保存、公開・普及を行う機関で、展示室で虎塚古墳の出土品や石室（壁画）のレプリカを見学することができる。

ひたちなか市埋蔵文化財調査センター

遺跡には感動がある

――シリーズ「遺跡を学ぶ」刊行にあたって――

「遺跡には感動がある」。これが本企画のキーワードです。

あらためていうまでもなく、専門の研究者にとっては遺跡の発掘こそ考古学の基礎をなす基本的な手段です。また、はじめて考古学を学ぶ若い学生や一般の人びとにとって「遺跡は教室」です。

日本考古学では、もうかなり長期間にわたって、発掘・発見ブームが続いています。そして、毎年厖大な数の発掘調査報告書が、主として開発のための事前発掘を担当する埋蔵文化財行政機関や地方自治体などによって刊行されています。そこには専門研究者でさえ完全には把握できないほどの情報や記録が満ちあふれています。しかし、その遺跡の発掘によってどんな学問的成果が得られたのか、その遺跡やそこから出た文化財が古い時代の歴史を知るためにいかなる意義をもつのかなどといった点を、莫大な記述・記録の中から読みとることははなはだ困難です。ましてや、考古学に関心をもつ一般の社会人にとっては、刊行部数が少なく、数があっても高価なその報告書を手にすることすら、ほとんど困難といってよい状況です。

いま日本考古学は過多ともいえる資料と情報量の中で、考古学とはどんな学問か、また遺跡の発掘から何を求め、何を明らかにすべきかといった「哲学」と「指針」が必要な時期にいたっていると認識します。

本企画は「遺跡には感動がある」をキーワードとして、発掘の原点から考古学の本質を問い続ける試みとして、日本考古学が存続する限り、永く継続すべき企画と決意しています。いまや、考古学にすべての人びとの感動を引きつけることが、日本考古学の存立基盤を固めるために、欠かせない努力目標の一つです。必ずや研究者のみならず、多くの市民の共感をいただけるものと信じて疑いません。

二〇〇四年一月

戸沢　充則

著者紹介

稲田健一（いなだ・けんいち）

1969年、茨城県勝田市（現・ひたちなか市）生まれ。

1993年、立正大学文学部史学科卒業。

現在、（公財）ひたちなか市生活・文化・スポーツ公社ひたちなか市埋蔵文化財調査センターに勤務。

主な著作 「ひたちなか市域の古墳群」『常陸の古墳群』（六一書房）、「常陸国の7世紀」『古墳から寺院へ』（六一書房）など。

写真提供（所蔵）
図6：ひたちなか市広報広聴課／図18（幡バッケ横穴墓群6号墓）・図19：常陸太田市教育委員会（稲田撮影）／図26：松阪市教育委員会／図29：明治大学文学部考古学研究室『霞ヶ浦の前方後円墳』2018／図43：福島県文化財センター／図60：東海村教育委員会／図67・74：いわき市教育委員会／図69：熊本県立装飾古墳館／図70：柳沢一男／図71（左）：熊本市（旧：植木町）文化財調査報告書14『石川遺跡』2002／上記以外はひたちなか市教育委員会・著者

図版出典・参考（一部改変）
図7～9・11・13・21～24：大塚初重ほか1978／図34（上）：桜川市教育委員会／図38・39・41・53～55・76：ひたちなか市教育委員会ほか2017／図59：ひたちなか市埋蔵文化財調査センター『埋文だより』第46号2017／図63：井上義安ほか1990を改変／図66：中村勉「三浦市勝谷砂丘遺跡実測調査の報告」『横須賀考古学会研究紀要』第4号2016、降矢順子ほか『長谷小路周辺遺跡発掘調査報告書』2016、大原満ほか『脇ノ谷古墳発掘調査報告』1980／図72：国立歴史民俗博物館『装飾古墳の世界　図録』1993、中村友昭2014、齋藤大輔2014をもとに著者作成／上記以外は著者／＊地図の一部は「カシミール3D（http://www.kashmir3d.com/)」で作成

＊報告書『十五郎穴横穴墓群』を刊行しています。ひたちなか市の図書館等で閲覧できます。また下記HPよりPDF版をダウンロードして閲覧できます。
http://sitereports.nabunken.go.jp/ja/18239

シリーズ「遺跡を学ぶ」134
装飾古墳と海の交流　虎塚《とらづか》古墳・十五郎穴横穴墓群《じゅうごろうあなよこあなぼぐん》

2019年 4月 15日　第1版第1刷発行

著　者＝稲田健一
発行者＝株式会社 新 泉 社
東京都文京区本郷2－5－12
TEL 03（3815）1662／FAX 03（3815）1422
印刷／三秀舎　製本／榎本製本

ISBN978－4－7877－1934－8　C1021

シリーズ「遺跡を学ぶ」

第1ステージ（各1500円＋税）

03 古墳時代の地域社会復元　三ツ寺Ⅰ遺跡　若狭　徹
08 未盗掘石室の発見　雪野山古墳　佐々木憲一
10 描かれた黄泉の世界　王塚古墳　柳沢一男
16 鉄剣銘一一五文字の謎に迫る　埼玉古墳群　高橋一夫
18 土器製塩の島　喜兵衛島製塩遺跡と古墳　近藤義郎
22 筑紫政権からヤマト政権へ　豊前石塚山古墳　長嶺正秀
26 大和葛城の大古墳群　馬見古墳群　河上邦彦
28 泉北丘陵に広がる須恵器窯　陶邑遺跡群　中村　浩
32 斑鳩に眠る二人の貴公子　藤ノ木古墳　前園実知雄
35 最初の巨大古墳　箸墓古墳　清水眞一
42 地域考古学の原点　月の輪古墳　近藤義郎・中村常定
49 ヤマトの王墓　桜井茶臼山古墳・メスリ山古墳　千賀　久
51 邪馬台国の候補地　纒向遺跡　石野博信
55 古墳時代のシンボル　仁徳陵古墳　一瀬和夫
63 東国大豪族の威勢　大室古墳群〔群馬〕　前原　豊
73 東日本最大級の埴輪工房　生出塚埴輪窯　高田大輔
77 よみがえる大王墓　今城塚古墳　森田克行
79 葛城の王都　南郷遺跡群　坂　靖・青柳泰介
81 前期古墳解明への道標　紫金山古墳　阪口英毅
84 斉明天皇の石湯行宮か　久米官衙遺跡群　橋本雄一
85 奇偉荘厳の白鳳寺院　山田寺　箱崎和久
93 ヤマト政権の一大勢力　佐紀古墳群　今尾文昭
94 筑紫君磐井と「磐井の乱」　岩戸山古墳　柳沢一男
別04 ビジュアル版古墳時代ガイドブック　若狭　徹

第2ステージ（各1600円＋税）

103 黄泉の国の光景　葉佐池古墳　栗田茂敏
105 古市古墳群の解明へ　盾塚・鞍塚・珠金塚古墳　田中晋作
109 最後の前方後円墳　龍角寺浅間山古墳　白井久美子
117 船形埴輪と古代の喪葬　宝塚一号墳　穂積裕昌
119 東アジアに翔る上毛野の首長　綿貫観音山古墳　大塚初重・梅澤重昭
121 古墳時代の南九州の雄　西都原古墳群　東　憲章
126 紀国造家の実像をさぐる　岩橋千塚古墳群　丹野　拓・米田文孝
130 邪馬台国時代の東海の王　東之宮古墳　赤塚次郎